门萨素质测试

MENSA GENIUS TEST

【英】约瑟芬·富尔顿　罗伯特·艾伦　著
丁大刚　庞彦杰　译

ECNUP 华东师范大学出版社

图书在版编目（CIP）数据

门萨素质测试/(英)富尔顿(Fulton, J.),(英)艾伦(Allen, R.)著;庞彦杰,丁大刚译.—上海:华东师范大学出版社,2012.10
(门萨智力大师)
ISBN 978-7-5675-0034-1

Ⅰ.①门… Ⅱ.①富… ②艾… ③庞… ④丁…
Ⅲ.①智力测验 Ⅳ.①G449.4

中国版本图书馆CIP数据核字(2012)第255678号

引进版权合同登记号　09-2012-684

门萨智力大师系列
门萨素质测试

著　　者　[英]约瑟芬·富尔顿　[英]罗伯特·艾伦
译　　者　丁大刚　庞彦杰
项目编辑　许　静　储德天
审读编辑　熊　慧
特约编辑　周　洁　王轶华
装帧设计　李　佳

出版发行　华东师范大学出版社
社　　址　上海市中山北路3663号　邮编200062
网　　址　www.ecnupress.com.cn
电　　话　021-60821666　行政传真021-62572105
客服电话　021-62865537(兼传真)
门市(邮购)电话　021-62869887
门市地址　上海市中山北路3663号华东师范大学校内先锋路口
网　　店　http://hdsdcbs.tmall.com/

印 刷 者　宁波市大港印务有限公司
开　　本　890×1240　32开
印　　张　8.5
字　　数　213千字
版　　次　2013年1月第1版
印　　次　2013年1月第1次
书　　号　ISBN 978-7-5675-0034-1
定　　价　27元

出 版 人　朱杰人

(如发现本版图书有印订质量问题,请寄回本社市场部调换或电话021-62865537联系)

MENSA
门萨高智商俱乐部

门萨(MENSA)的组织成员有一个共同特征：智商在全世界排名前2%。单在美国，共有超过5万名的门萨成员认识到了他们的出众才智，但还有450万人对自己的潜能一无所知。

如果您喜欢智力测试，可以在这套“门萨智力大师系列”中找到很多很好的训练题。相信您最终会成为2%中的一位，或许您会发现自己已是其中一名。

您是一个爱交往的人吗？或者是否想结识与您志趣相投的人？如果是的话，请加入到门萨的智力训练和讨论中来吧。在门萨俱乐部几乎每天都会有新鲜话题，所以您有的是机会和别人交流，结交新的朋友。不管您的爱好如猜字谜般寻常还是似古埃及学般玄秘，在门萨的特殊兴趣群体中您总能找到志同道合的伙伴。

快来挑战自己吧!看看您到底有多聪明！我们始终欢迎新成员携他们的新思路融入到我们的高智商群体中。

门萨国际部地址：

Mensa International

15 The Ivories, 628 Northampton Street

London N1 2NY, England

目录

Contents

编者按语一

在阅读本书之前，请你填写下面的表格。列举10个你认为有史以来最伟大的天才，并且给出你的理由。在完成这个表格之前，**不要阅读本书**。完成这个表格之后，阅读我在本书中对天才的论述，看看是否你会改变自己的看法。

姓　　名	
天才的主张	
入 选 理 由	

编者按语二

列举了你喜爱的天才之后，设法调查尽可能多的朋友和同事，询问他们心目中最伟大的天才。根据他们的回答，填写下面的表格。我曾经做过这项调查，结果非常有趣(本书后面有阐述)。

姓　　名	
天才的主张	
入选理由	

智商测试

天才不仅仅是高智商。但是，高智商与天才之间一定有联系。下面的测试可以让你对自己的智商水平有个了解。但是，由于这些测试是非标准化的，因此它们不能够让你了解自己真正的智商。如果你希望知道自己的真实智商，得到一个权威的数值，那么请与你所在地的门萨组织联系，它们会给你安排一次权威的测试。在本书的前面有门萨俱乐部的联系方式，请查阅。

测试一　空间推理

空间推理问题经常被用于智商测试，其中有两个主要原因。第一，这种非语言文字的推理与你所学习的知识无关，它与你在学校学习到的东西无关。因此，它能够测试出你的真正智力水平。其他诸如数学运算和语言能力等测试虽然也很重要，但是它们有一个缺陷，即受过良好教育的人可能很容易就取得高分，但他们真正的智商可能会由于受到以前所受教育的影响而被夸大。第二，空间推理测试不会受语言因素的干扰，因此也不受心理学家所谓的“文化公平”的影响。换句话说，以语言为基础的测试，有些人可能感到不舒服（例如儿童，或者测试所用语言不是自己母语的人），但是如果用空间推理问题进行测试就不存在这种情况。

本测试限时 30 分钟

1.

下面图形中哪一个选项与众不同？(考虑三角形。)

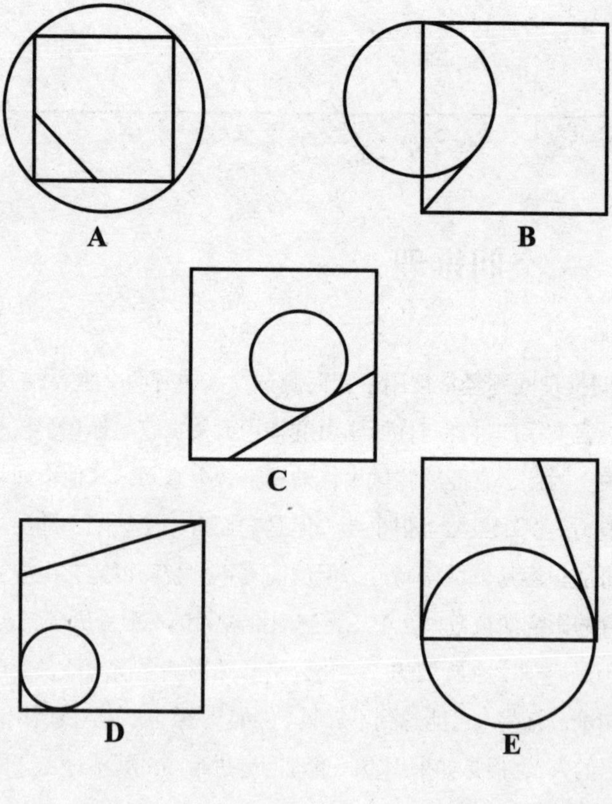

2. 在下面1、2、3、4序列图形中，接下来的应该是A、B、C、D、E选项中的哪一个图形？

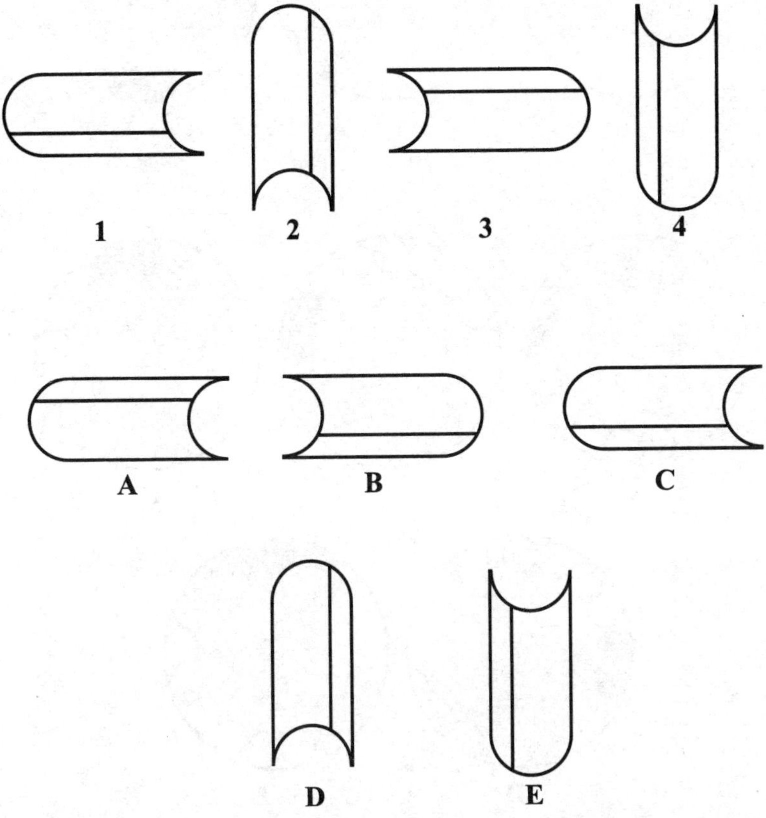

3.

在下面1、2、3序列图形中，接下来的应该是A、B、C、D、E选项中的哪一个图形？

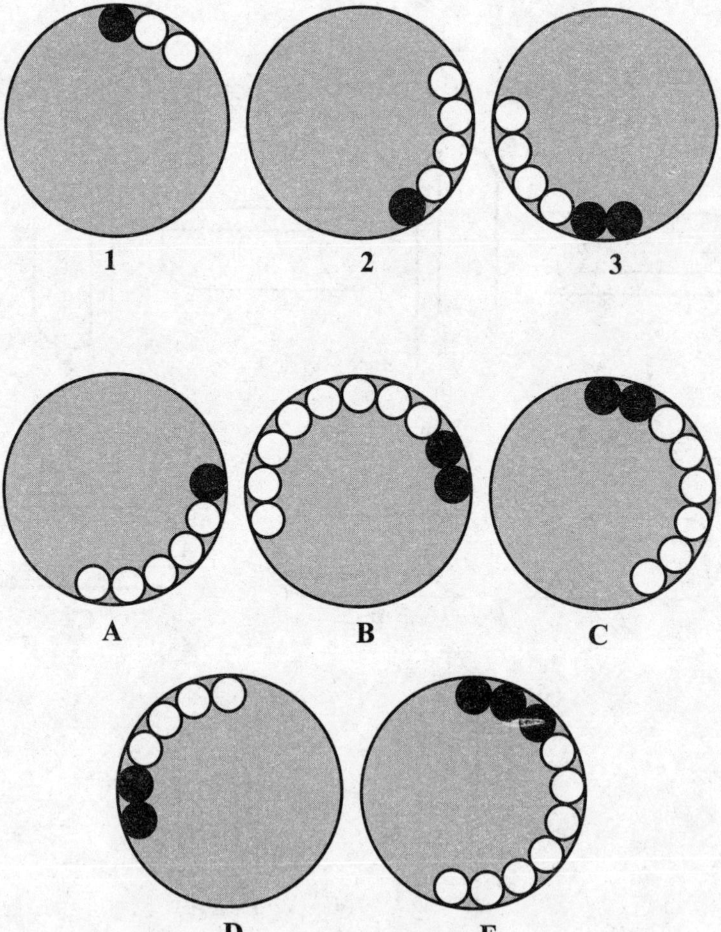

4. 下面图形中哪一个选项与众不同?

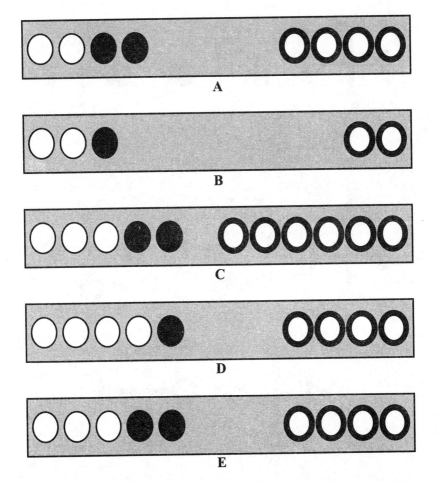

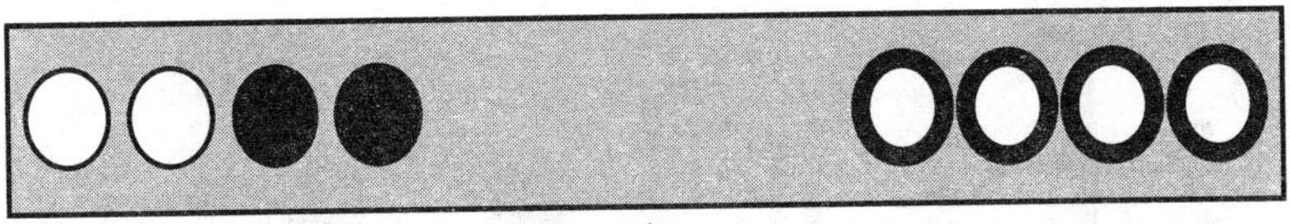

A

B

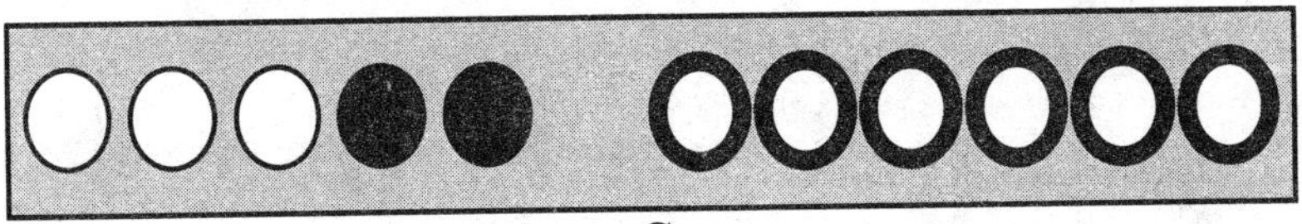

C

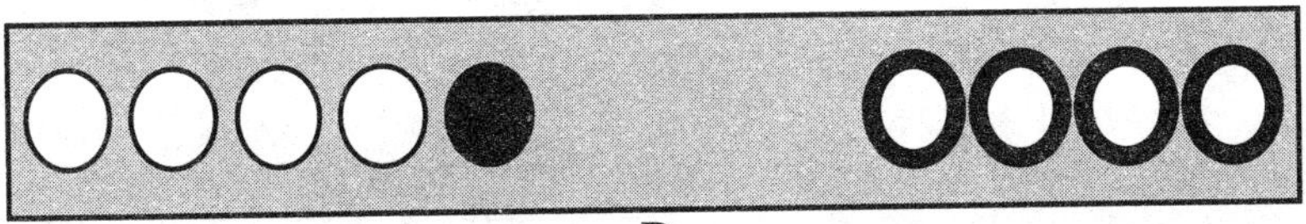

D

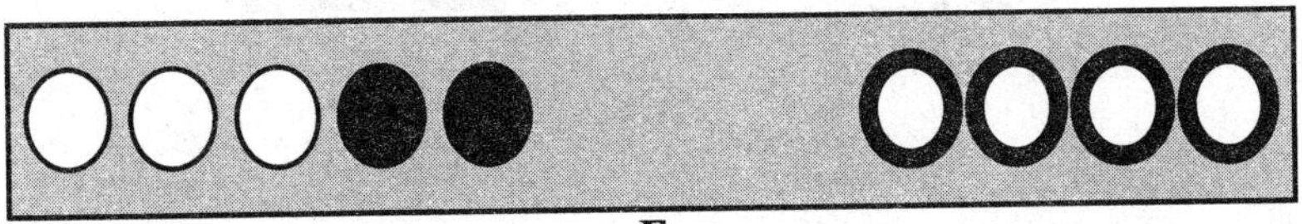

E

5. 在下面 1、2、3 序列图形中，接下来的应该是 A、B、C、D、E 选项中的哪一个图形？

1　　2　　3

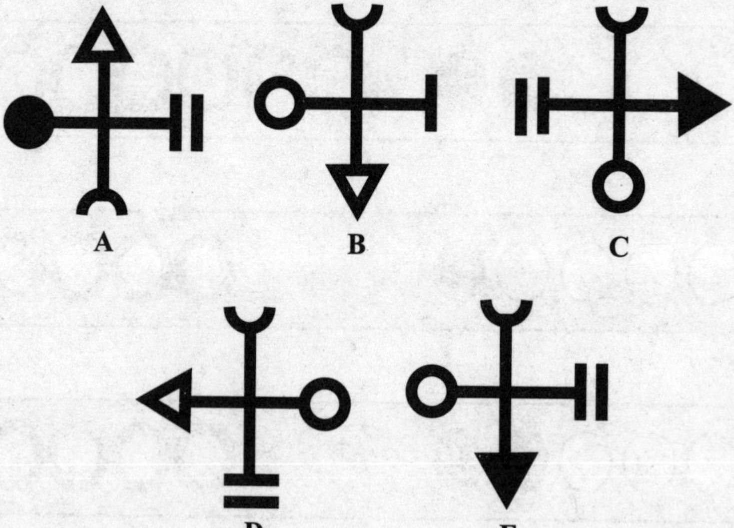

6.

下面图形中，哪一个选项与众不同？

K
A

N
B

E
C

F
D

H
E

7. 下面图形中，如果 A 与 B 相对应，那么，C 与 D、E、F、G、H 选项中的哪一个相对应？

A

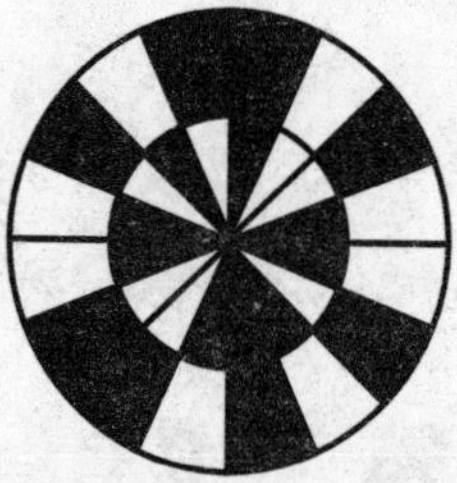

B

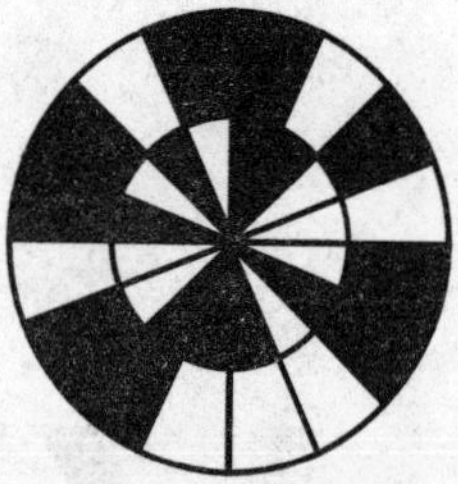

C

D

E

F

G

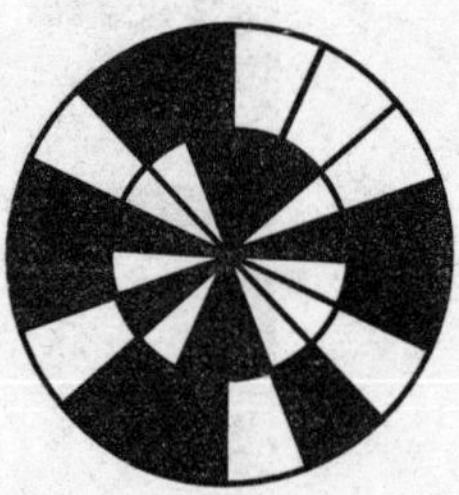

H

8. 下面图形中，哪一个选项与众不同？

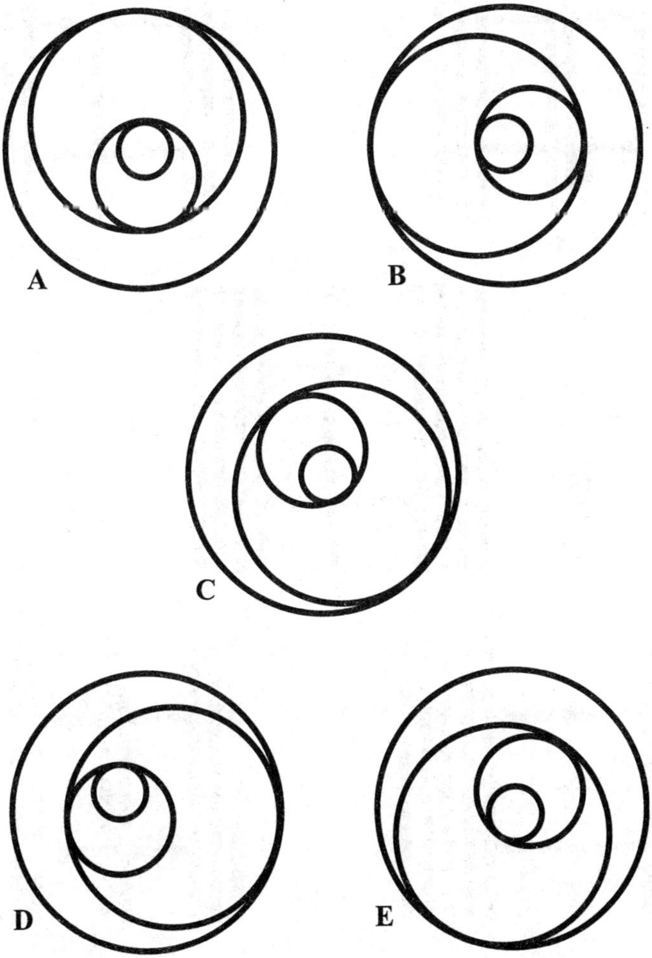

9. 下面图形中，哪一个选项与众不同？

A

B

C

D

E

10. 下面图形中，如果 A 与 B 相对应，那么，C 与 D、E、F、G、H 选项中的哪一个相对应？

A

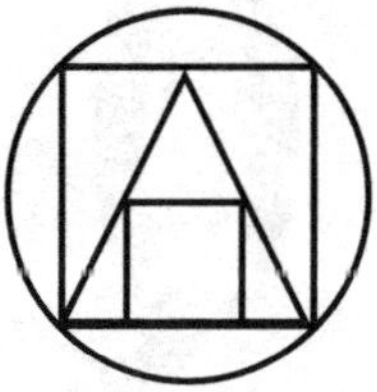
B

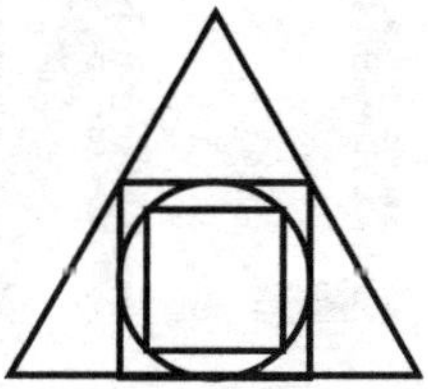
C

D

E

F

G

H

11. 下列序列中，问号处应该填什么？

L N Q U ?

12. 下面图形中，如果A与B相对应，那么，C与D、E、F、G、H选项中的哪一个相对应？

A

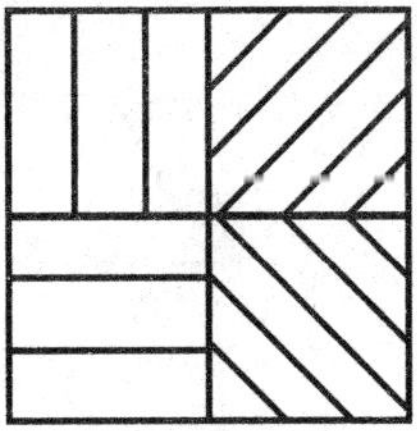
B

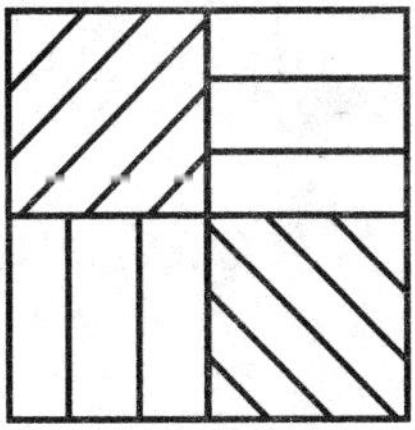
C

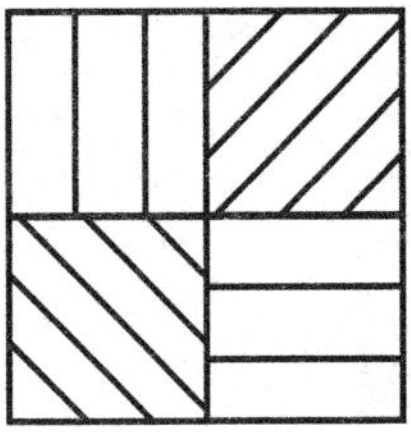
D

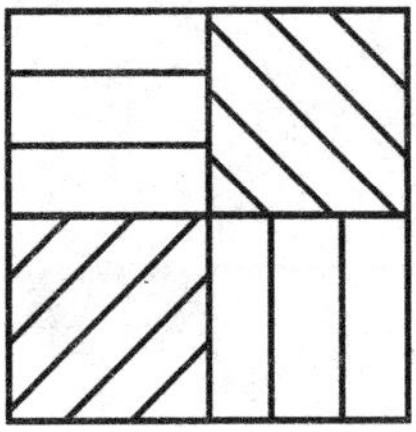
E

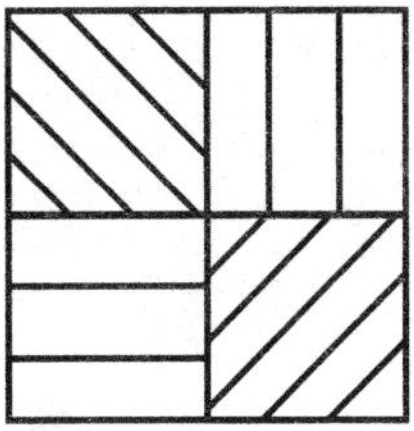
F

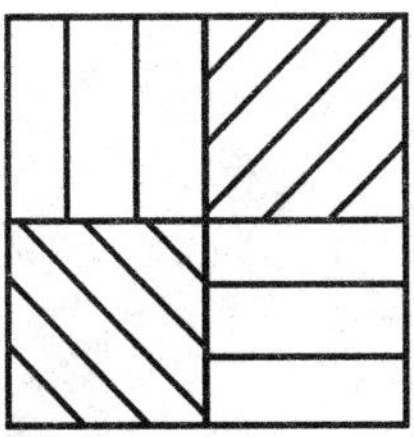
G

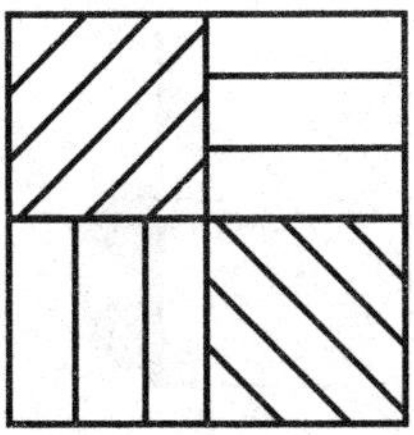
H

13. 下面图形中，哪一个选项与众不同？

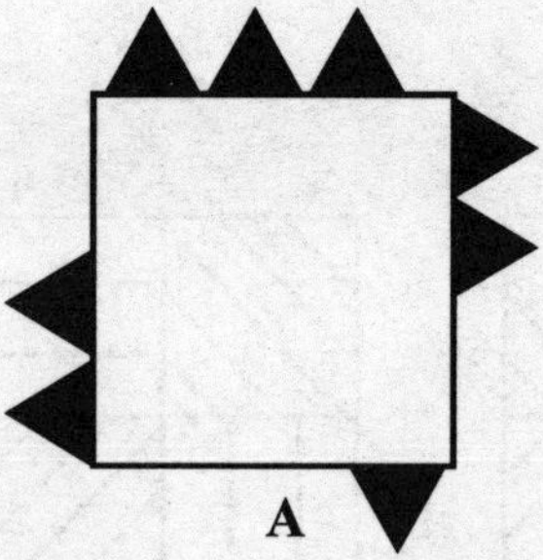

A

B

C

D

E

14.

下面图形中，哪一个选项与众不同？

A

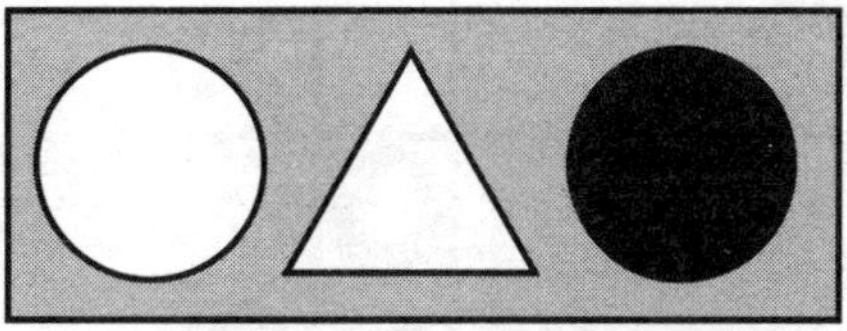

B

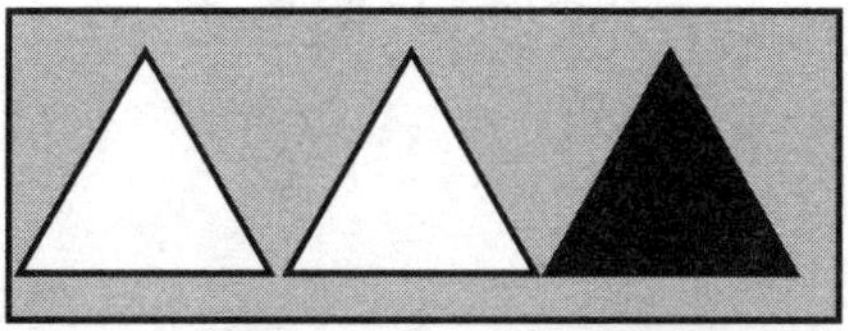

C

D

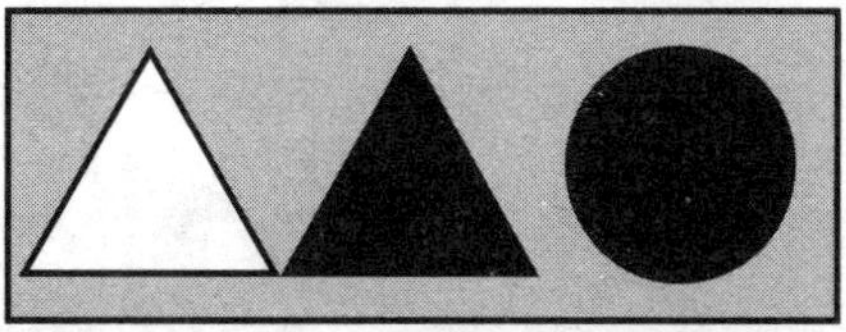

E

15. 下面图形中，如果A与B相对应，那么，C与D、E、F、G、H选项中的哪一个相对应？

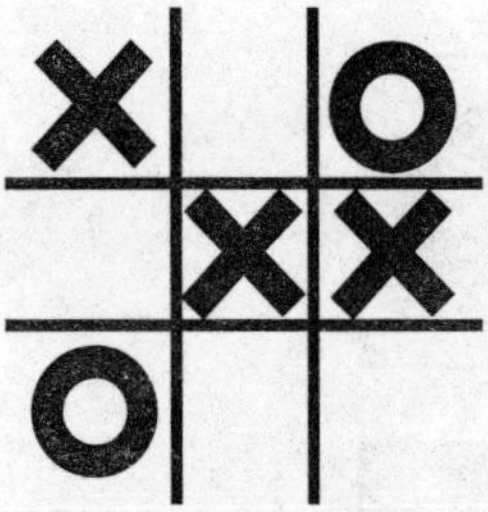

A

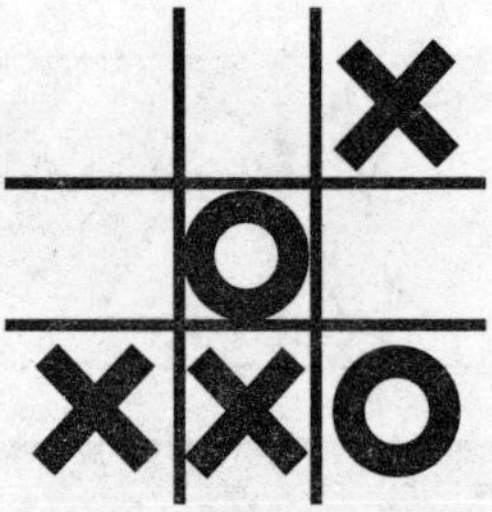

B

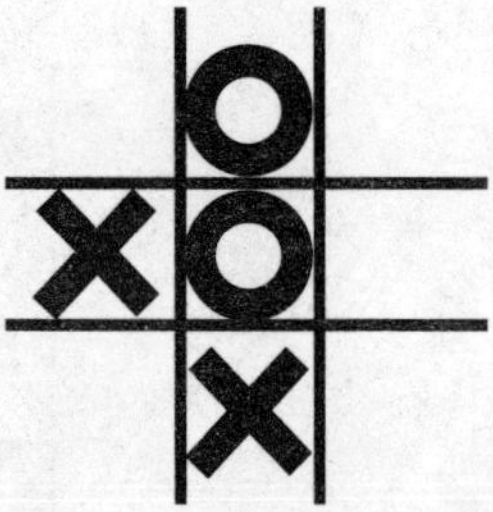

C

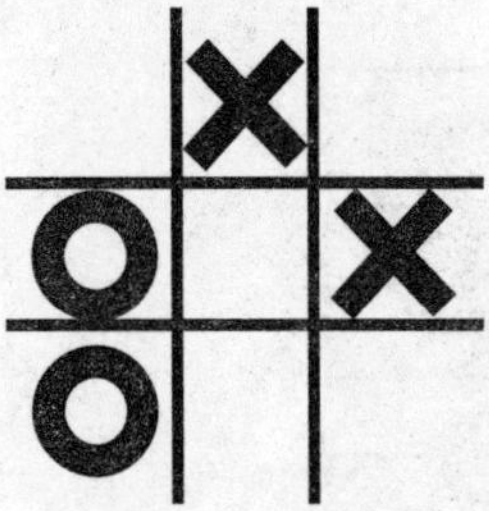

D

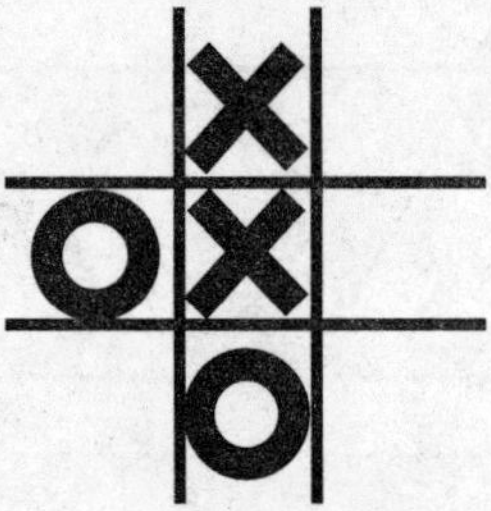

E

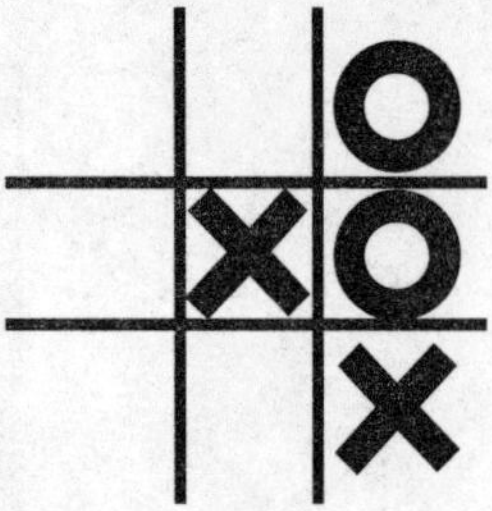

F

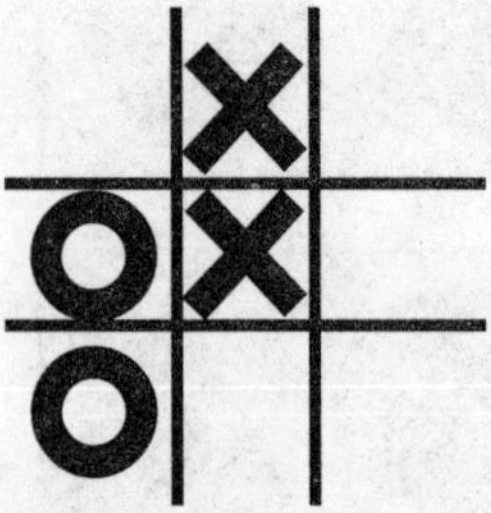

G

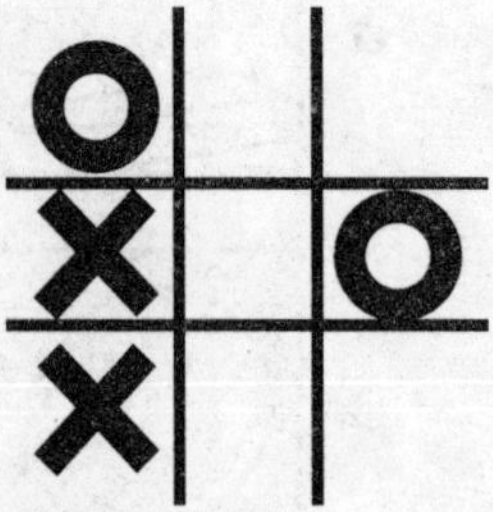

H

16. 将下面给出的平面图形折叠成立方体，结果会折叠成A、B、C、D、E中的哪一个图形？

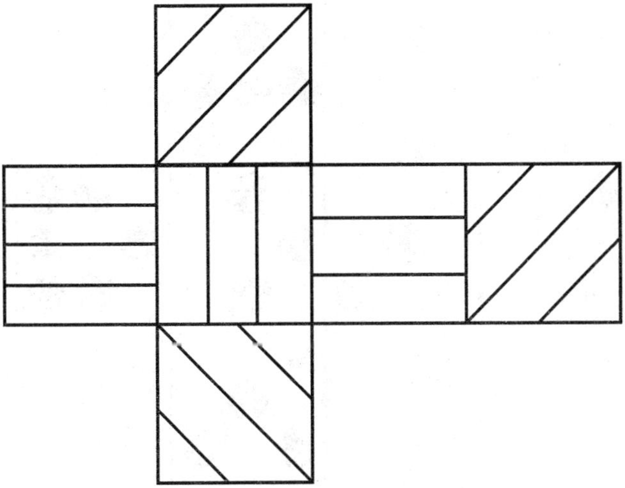

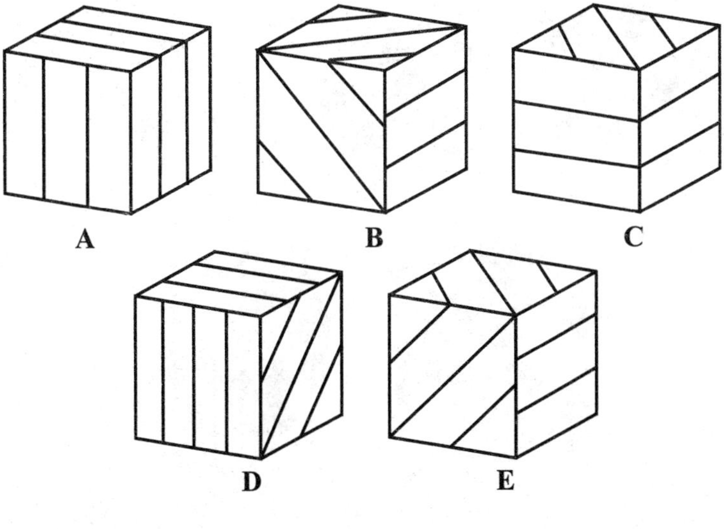

A B C D E

17. 将下面给出的平面图形折叠成立方体，结果会折叠成 A、B、C、D、E 中的哪一个图形？

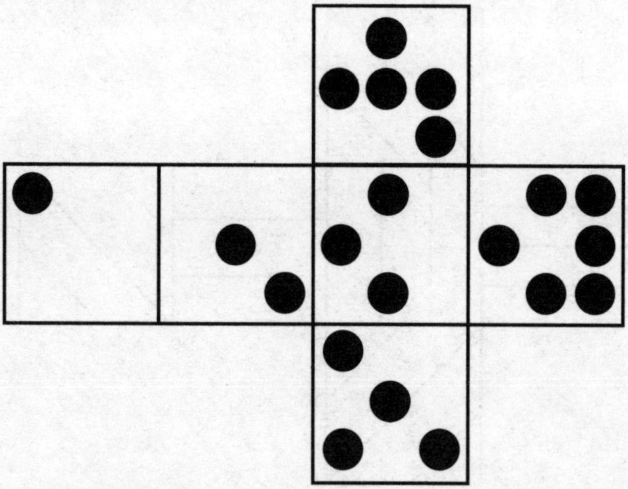

A B C

D E

18. 下列图形中，哪一个图形与A组合在一起能够插入给出的图形，从而形成一个正方形？

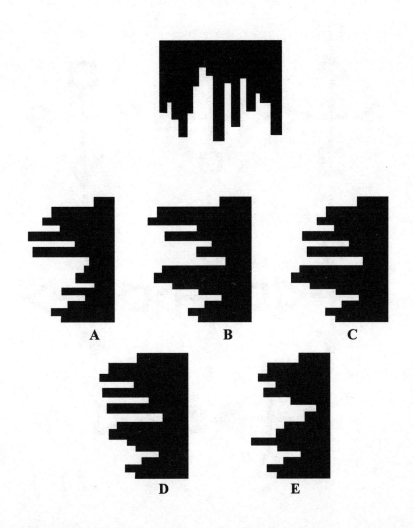

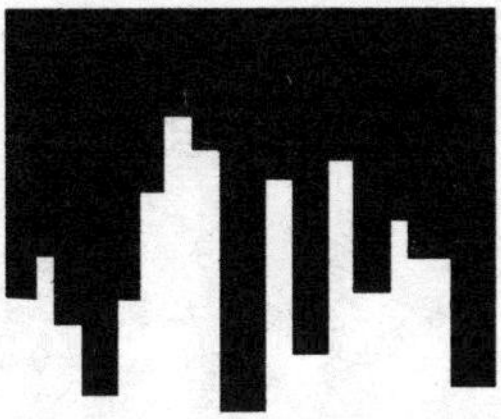

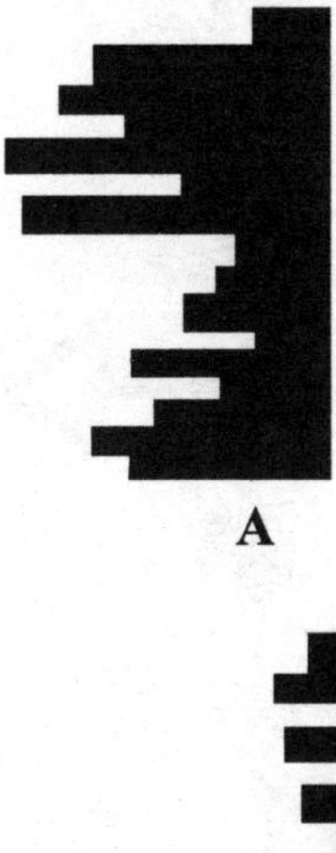

A

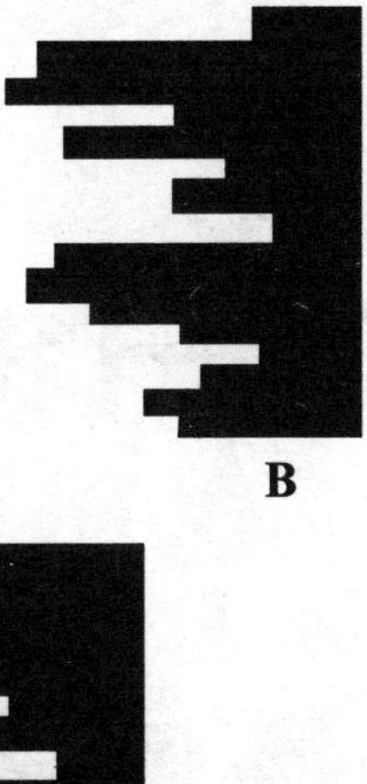

B

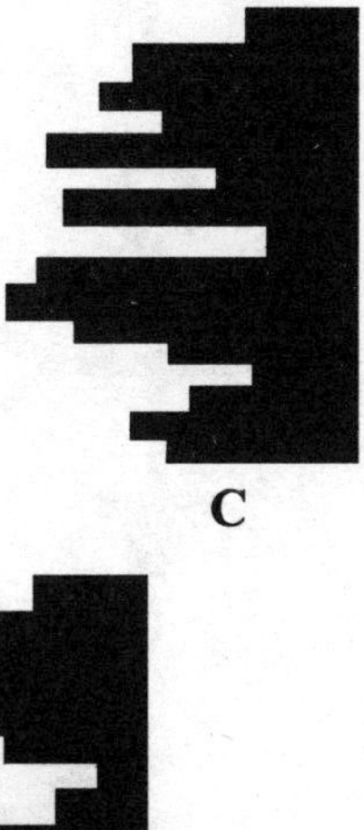

C

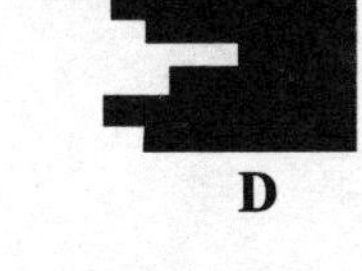

D

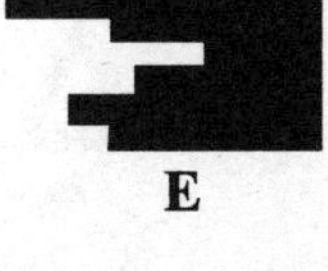

E

19. 在下面 1、2、3 序列图形中，接下来的应该是 A、B、C、D、E 选项中的哪一个图形？

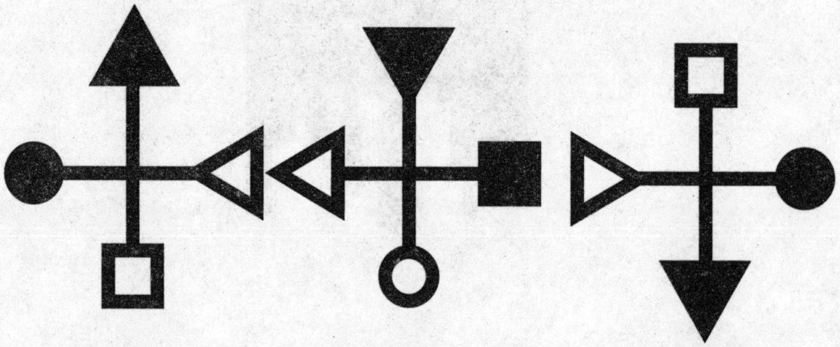

1　　2　　3

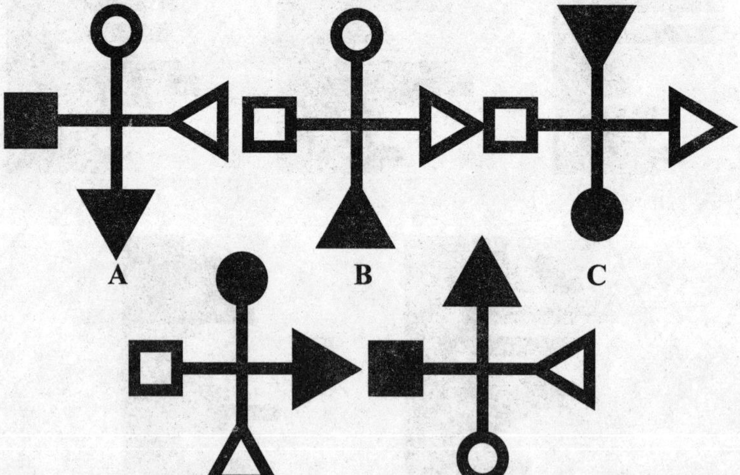

A　　B　　C

D　　E

20. 下面图形中，哪一个选项与众不同？

A

B

C

D

E

21. 下面图形中，哪一个选项与众不同？

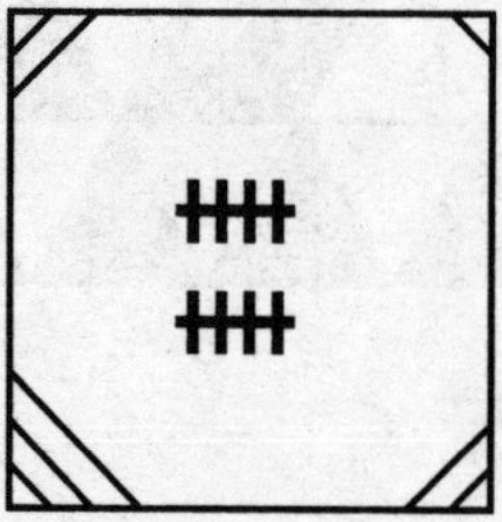

A

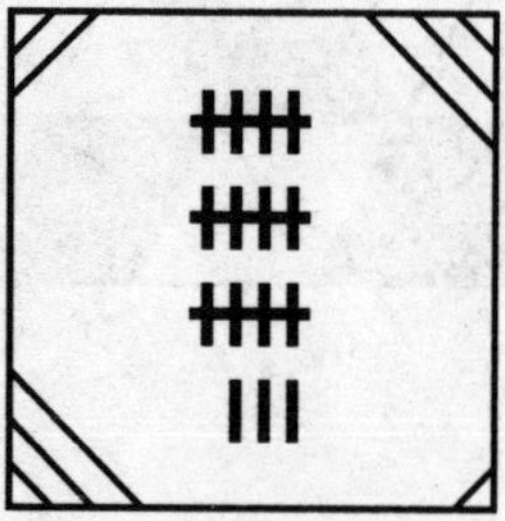

B

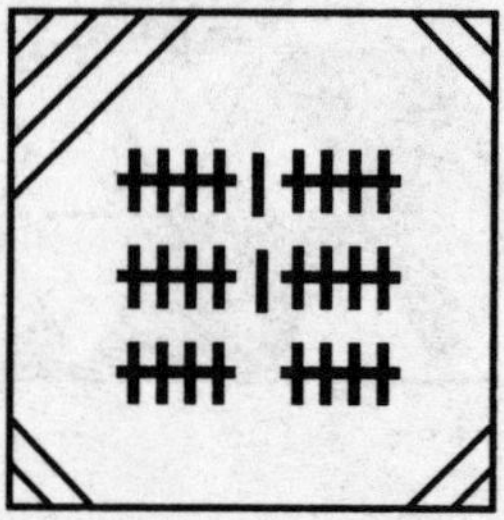

C

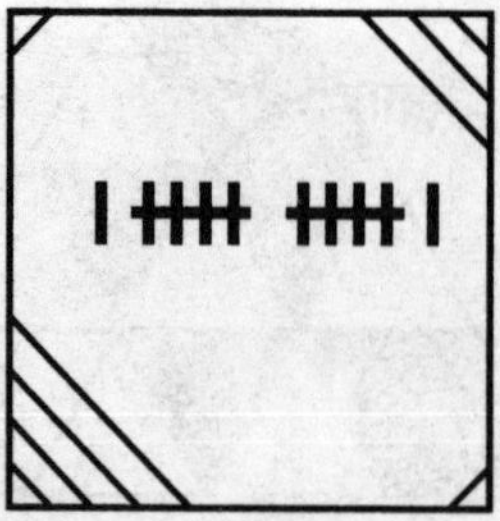

D

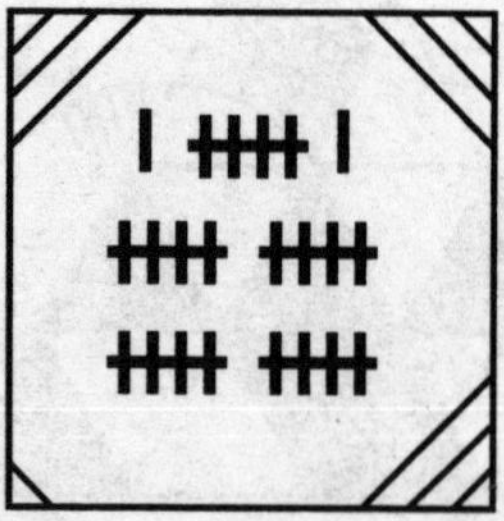

E

22. 下面图形中，如果A与B相对应，那么，C与D、E、F、G、H选项中的哪一个相对应？

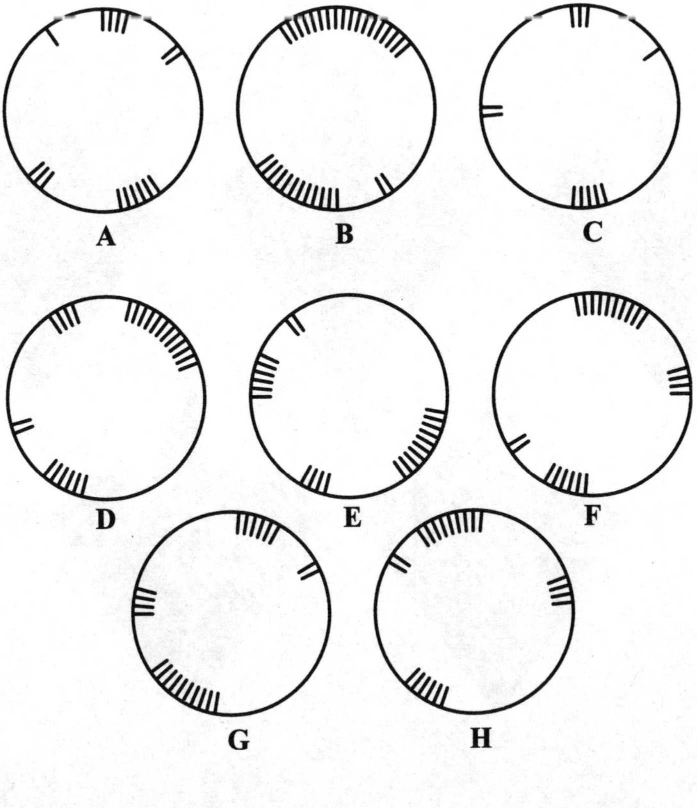

23. 下列 A、B、C、D、E 五个图形中，哪一个图形能够插入给出的图形，从而形成一个菱形？

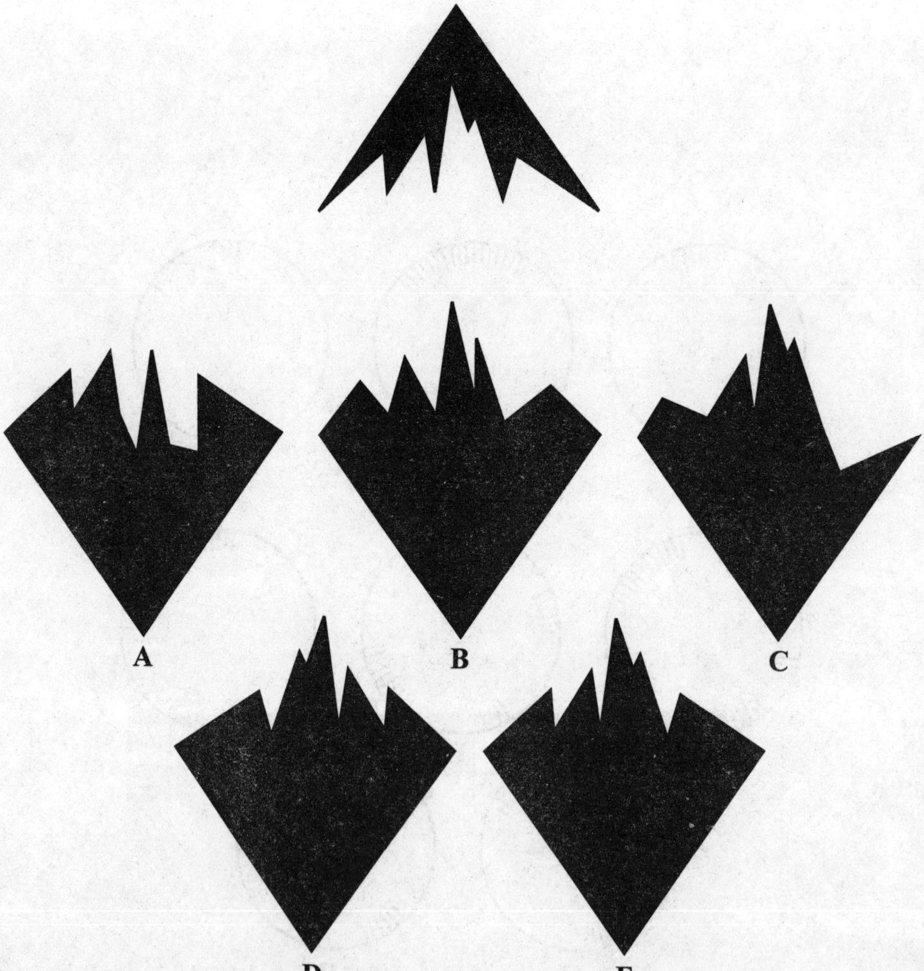

24. 下列 A、B、C、D、E 五个平面图形中，哪一个图形折叠起来可以形成给出的立方体？

A

B

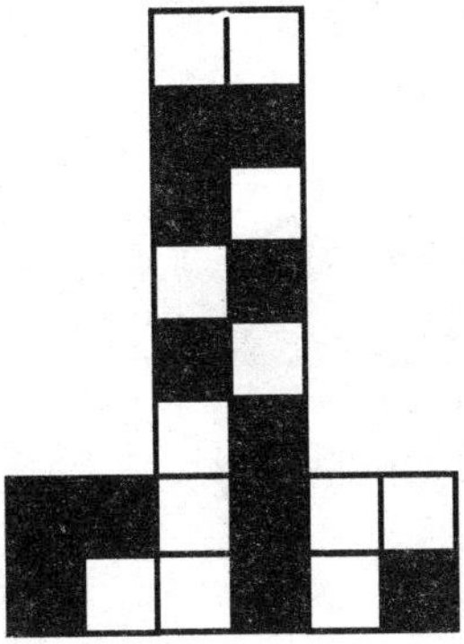

C

D

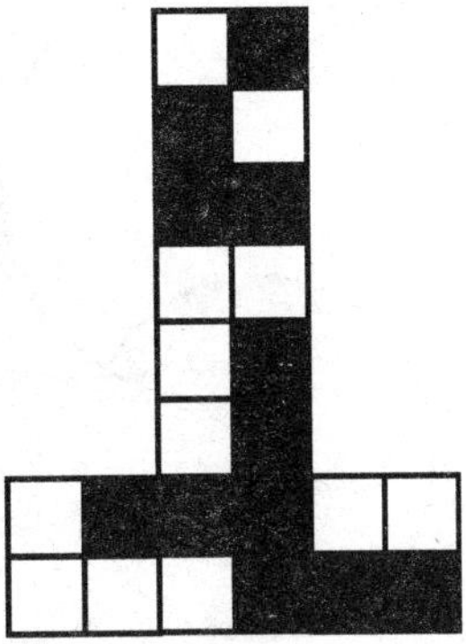

E

25. 下面图形中，哪一个选项与众不同？

A

B

C

D

E

26.

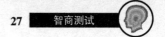

下面图形中，如果A与B相对应，那么，C与D、E、F、G、H选项中的哪一个相对应？

A	B	C
C	E	D
F	I	W
T	X	B

D	E	F	G	H
Z	F	Y	E	F
F	Z	C	Y	Y
C	F	F	E	G

27. 下面图形中，哪一个选项与众不同？

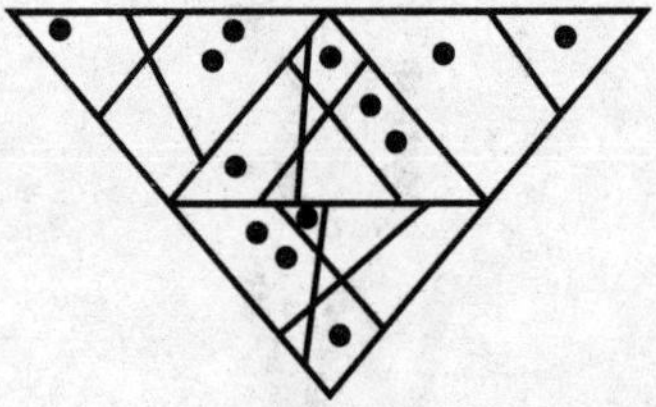

A

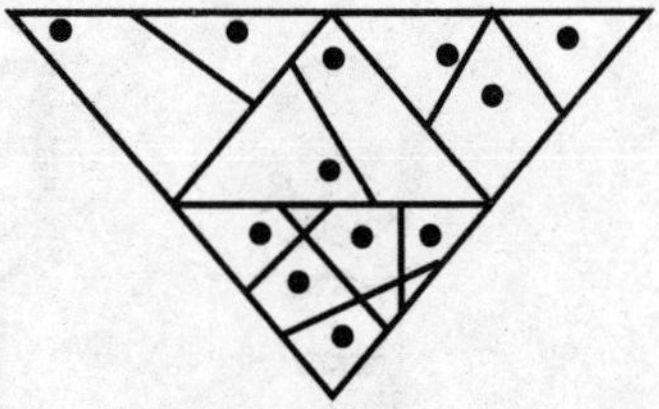

B

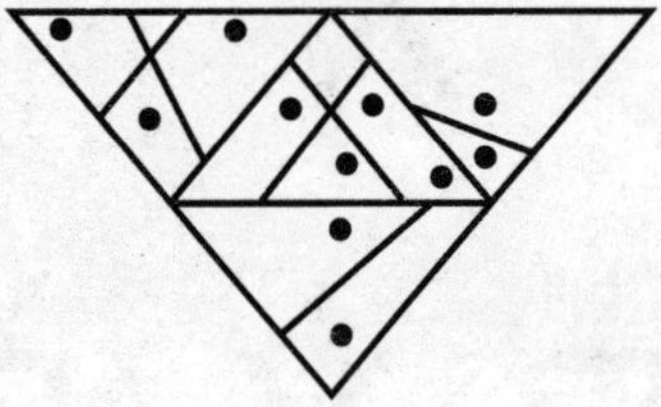

C

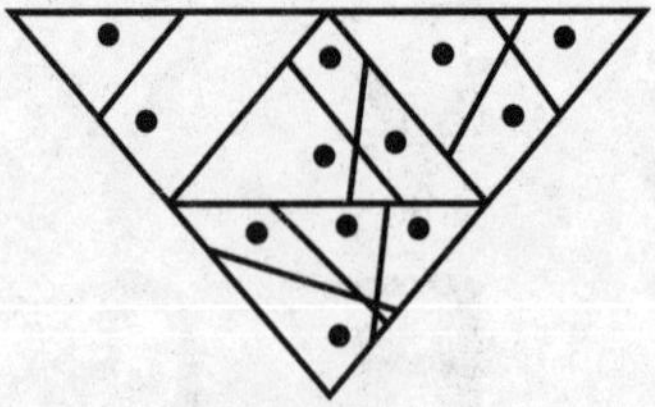

D

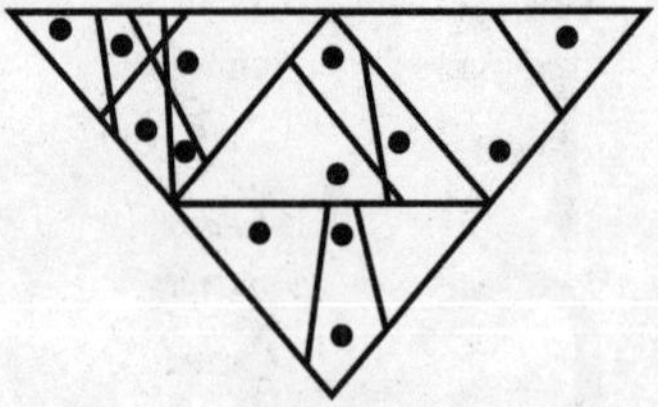

E

28. 下面图形中，哪一个选项与众不同？

A

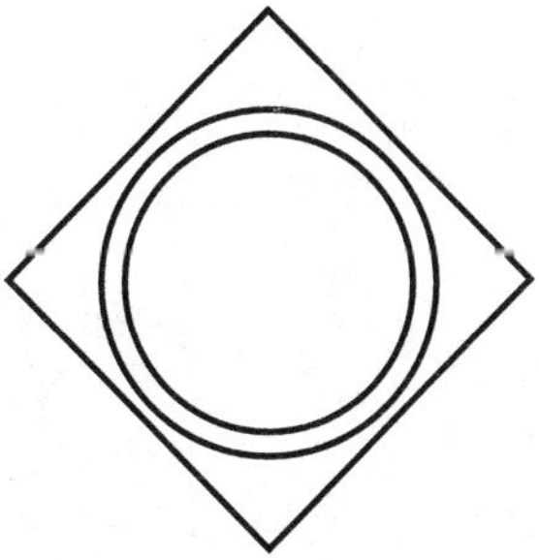

B

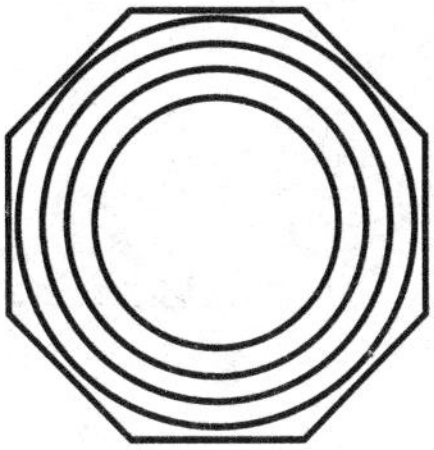

C

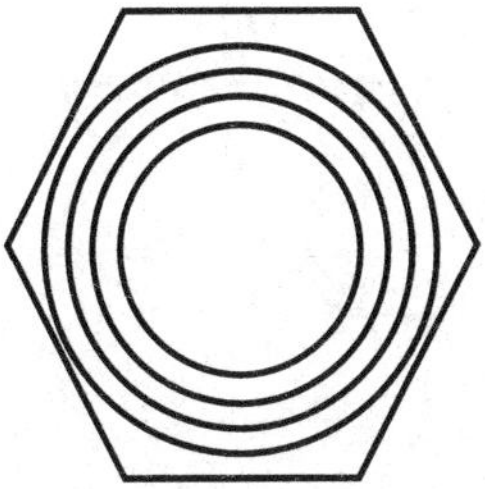

D

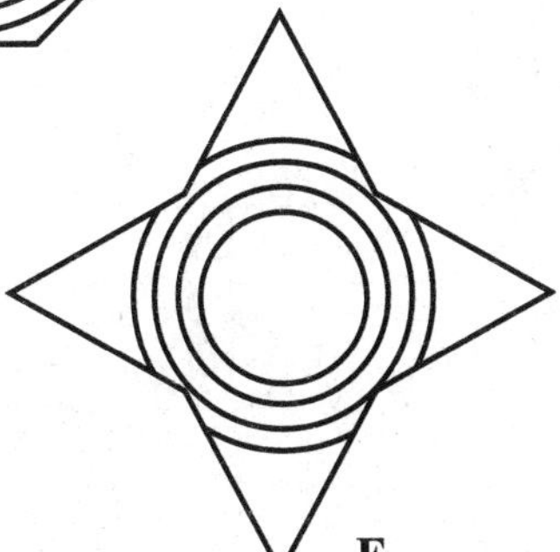

E

29. 下面图形中，如果A与B相对应，那么，C与D、E、F、G、H选项中的哪一个相对应？

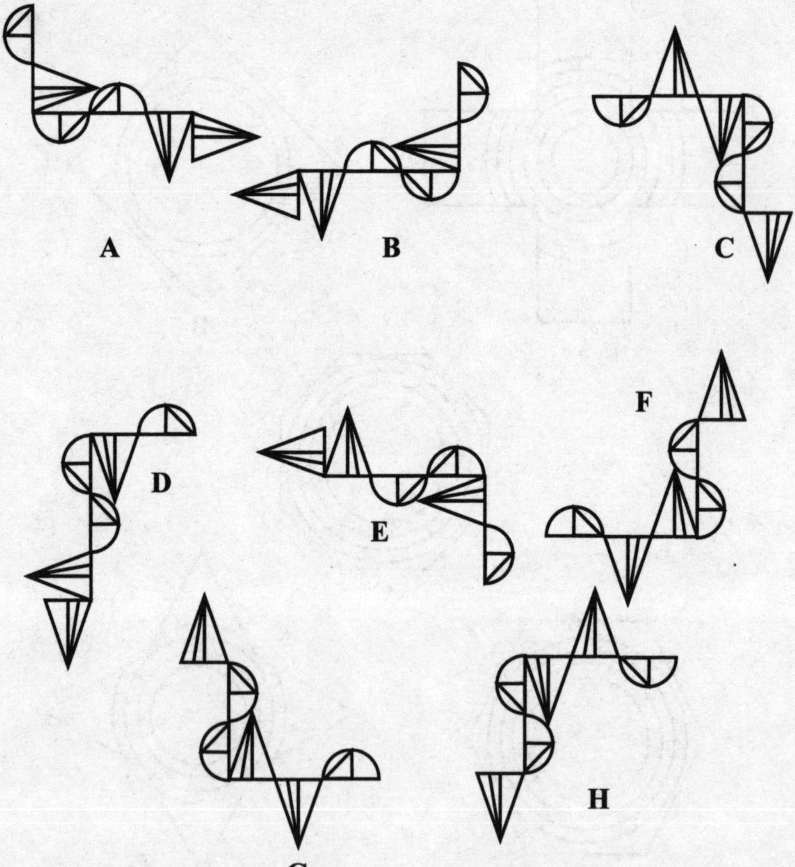

30. 下面图形中哪一个选项与众不同?

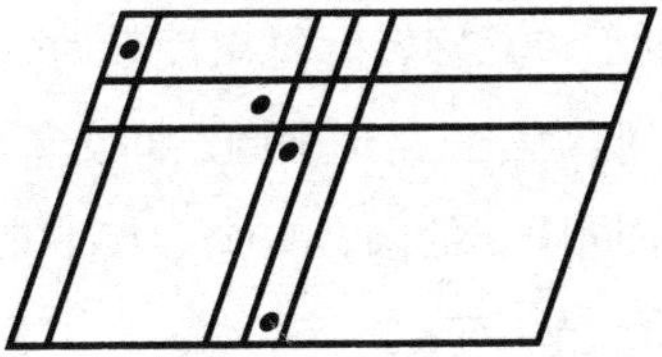
A

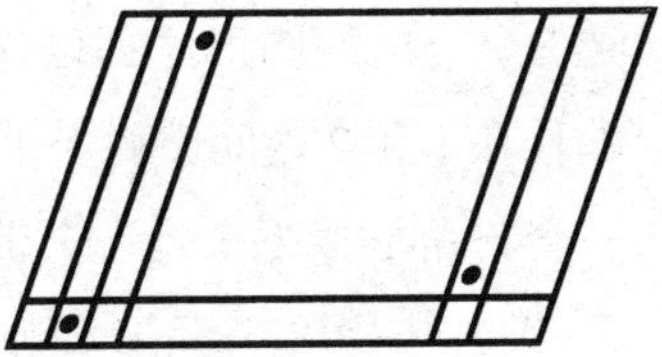
B

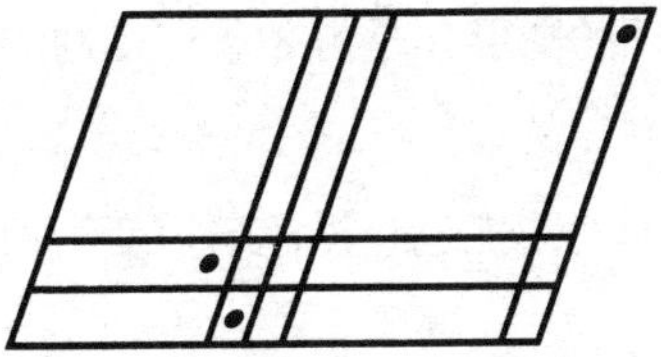
C

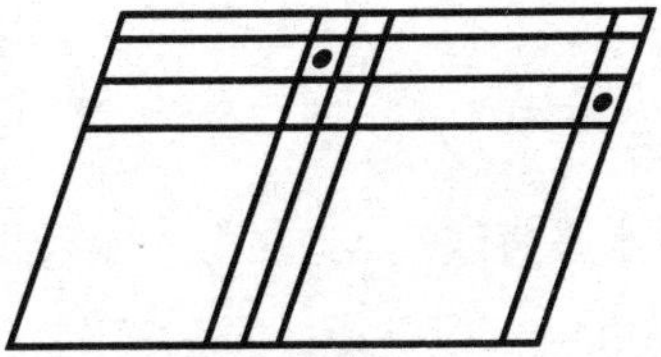
D

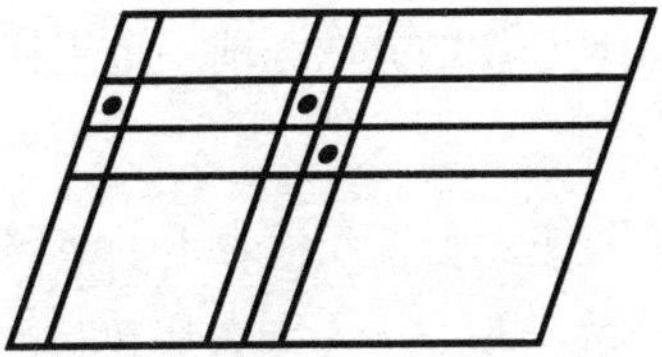
E

测试一答案

1. 选 B。其他图形中都有一个完整的三角形，而 B 没有。

2. 选 C。这是一个顺时针旋转 90°，然后纵向翻转的序列。

3. 选 B。1 个黑点变成 4 个白点；2 个白点变成 1 个黑点。并且随着序列的进展，点的排列顺时针旋转 72°。

4. 选 E。对于其他选项，白点的数目与黑点的数目乘积等于右边的白点数目。

5. 选 E。给出的图形序列以逆时针 90° 旋转。每次旋转时，直线数目在 1 和 2 之间交替变化。形状在三角形和圆之间交替变化：一个三角形接下来是一个带不同阴影的圆；一个圆接下来是一个带同样阴影的三角形。弧形保持不变。

6. 选 C。其他选项的图形都是由 3 条直线构成的。

7. 选 D。白色扇形变为黑色；黑色扇形变为白色。图案水平翻转。

8. 选 D。其他选项的图形中都有一个小圆与一个大圆相内切，而且相切的方向与前一个正相反。

9. 选 E。垂直线代表 1 个整数；水平直线代表 5。每一端直线数目的乘积等于中间直线数目的总和，也就是说，2 条水平直线由 2

条垂直线相交 = 10 + 2。

10. 选 D。正方形变成圆；三角形变成正方形；圆变成三角形。

11. 应该填 Z。从字母表中的字母 L 开始，在这个序列中每两字母之间分别有 1、2、3 个字母，然后应该是 4 个字母。

12. 选 H。大正方形逆时针旋转 90°，然后绕水平轴翻转。

13. 选 E。除 E 之外，在其他图形中，围绕着每一个底图的三角形数目是底图边数的倍数。

14. 选 D。除了 D 之外，在其他选项中，空白圆圈 = 1；空白三角形 = 2；黑色圆圈 = 3；黑色三角形 = 4。左边两个形状数值的总和等于右边形状的数值。

15. 选 D。零或叉按顺时针方向从左到右，从上到下移动 2 个空格。

16. 选 E。

17. 选 A。

18. 选 C。

19. 选 E。

20. 选 E。把每个大三角形分成 4 个相等的中号三角形——三个角竖立，中心向下。除了 E 之外，这些中号三角形中的每个都包含有 2 个小黑色三角形和 2 个小白色三角形。

21. 选 A。除了 A 之外，在其他选项的图形中，正方形每个角上的斜线之乘积等于中间的直线的数目。

22. 选 F。圆圈旋转 180°，每套短横的数目都比旋转前的短横数目翻一番。

23. 选 E。

24. 选 B。

25. 选 B。在其他选项中，最小的圆圈只与一个圆圈相交。

26. 选 E。从 A 到 Z，第一行的字母向前移动 2 个字母；第二行向前移动 3 个字母；第三行向前移动 4 个字母。

27. 选 C。每个大三角形内部的 4 个小三角形中，每个三角形相交的直线数目比同在一个三角形中的点的数目少 1。

28. 选 D。除了 D 之外，在其他选项的图形中，圆圈的数目等于其外面图形的边的数目的一半。

29. 选 H。水平翻转。

30. 选 E。除了 E 之外，其他图形中，只有 1 个点出现在每个垂直或水平线条的内部。

得分与评析

此测试最高分为 20 分。

许多人都感觉这种推理不容易，虽然有的人在其他类型测试中的得分很高，但是做起这种测试还是有点吃力。在监考门萨测试的过程中，我们常常听到有人面对空间推理的试卷叹气，尽管他们已经顺利通过了其他测试。

● **25 分以上**

如果你的得分在 25 分以上，那么你做的是相当出色的。这个测试确实非常难，而且时间限定得非常死。干得好！

● **20—24 分**

这个分数是非常令人羡慕的，虽然还不太算是非常天才的分数。

● **15—19 分**

这个分数段仍然显示出你有很好的推理能力，但空间推理好像不是你的强项。

● **15 分以下**

如果你的得分在 15 分以下，那么你在空间推理方面是存在问题的。不要担心，不是你一个人有这个问题。不管怎么样，空间推理能力并不代表一切。

测试二　数字推理

计算能力与智商之间始终是有紧密联系的。快速高效地处理数字确实是智力活跃的一个标志。然而，反之并不一定正确，不擅长数字的人绝对不能机械地说他们不聪明。因此，在阐释这个测试结果的时候应该慎重。

本测试限时 30 分钟

1. 在下面的 4 个序列中，接下来的一个数字分别应该是什么？

a) 2, 5, 14, 41

b) 84, 80, 72, 60

c) 58, 26, 16, 14

d) 39, 50, 63, 78

2. 有一个盒子，共装有 72 块巧克力；共有 6 个人吃，每人每 3 分钟吃 2 块，那么这盒巧克力够他们吃多长时间？

3. 仔细研究这个正方形，请计算出问号处应填入的数字。

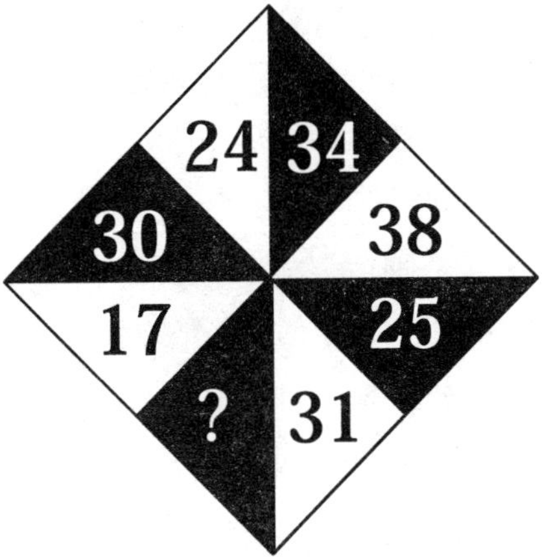

4. 问号处应填入什么图形？(考虑三角形、正方形、圆各自代表的数字应是多少。)

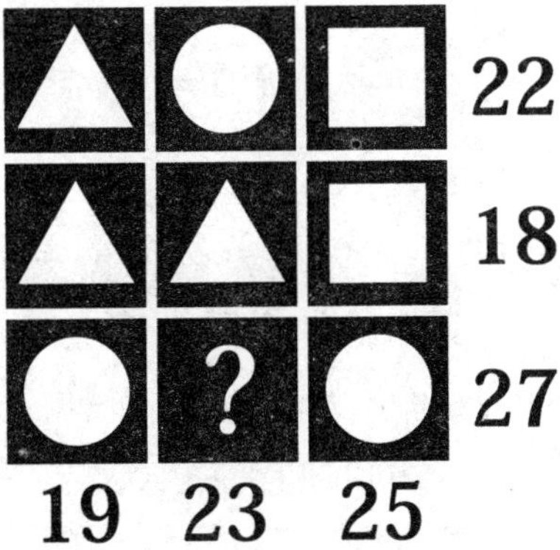

5. 字母A到D都代表整数。如果字母A是字母B的二分之一，而B等于C的平方根，C是D的两倍，而D的两位数之和等于5，那么A有哪两个可能的值？

6. 仔细研究下面的图表，为字母A、B、C、D、E分别分配一个正确的整数或符号。从横木开始顺时针移动，每碰到一个运算你都要做，使外圈和内圈的最终运算结果都等于49。

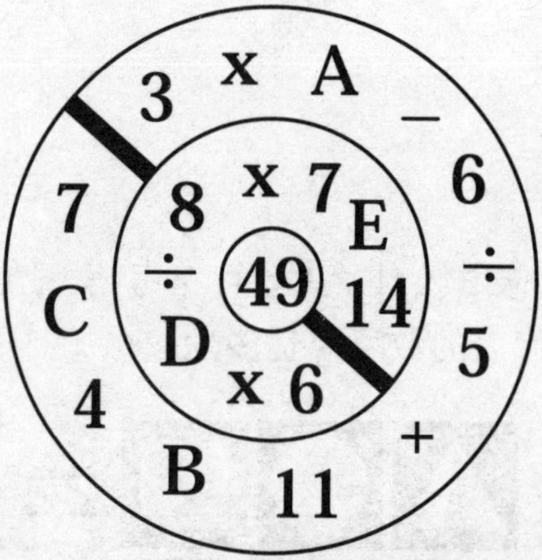

7. 约翰逊夫妇是一次家庭聚会的贵宾。他们应该在晚上7: 30到，而住的地方距离聚会地点的车程是140公里。他们打算开始以每小时90公里的速度开40分钟，然后剩余的时间平均行驶速度为每小时60公里。假设在他们计划的行车时间中有20%为堵车时间，他们应该在什么时间出发才能准时到达？

8. 下面每行都包含 4 个正方形，每行的总和都相同，那么问号处应该填入什么样的正方形？（三个正方形都代表一个不同的数值。）

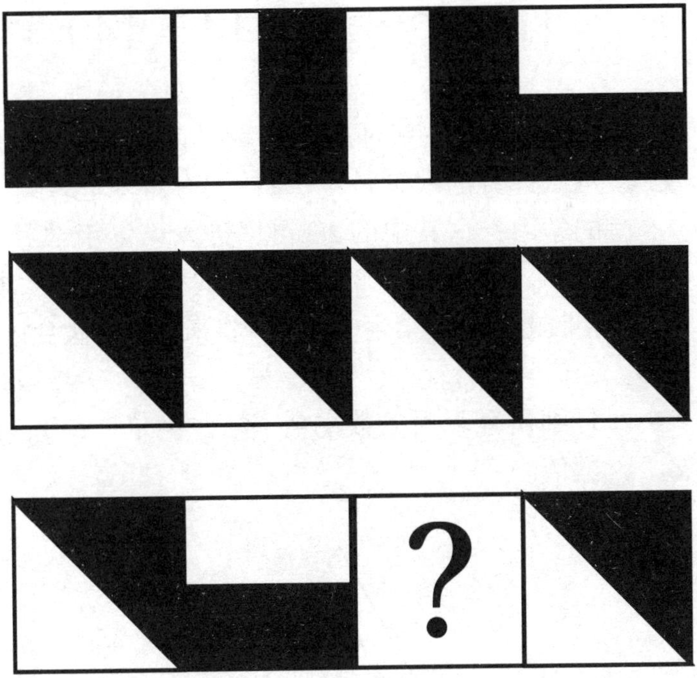

9. 如果 $2R + S - 3T = 9$, $S \times T = 10R$, $2R = S$, 那么 R、S、T 分别是多少？

10.

请在下列每行数字之间插入一个基本数学运算符号，使等式成立。每个等式中同一个符号不能重复使用。

a) 3　4　5　6 = 13

b) 7　8　9　10 = 125

c) 11　12　13　14 = 140

11.

150 名学生在费耶林恩金融学院报名学习会计。考试评分的政策是：70% 的人有希望进入第二年的学习；这其中的 2/3 可以进入第三年学习，而且 14 个学生中有 3 个期末考试不及格。那么目前招收的 150 名学生中有多少将来有资格做会计？

12.

仔细研究下面的数字金字塔，确定 A、B、C 的数值。

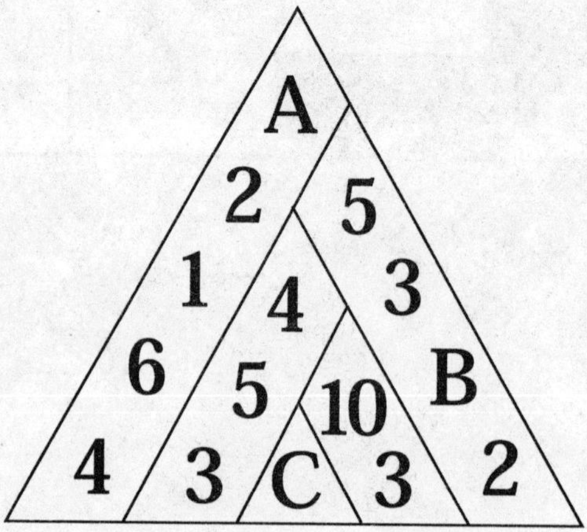

13. 最后一组天平的左边应该添加1个什么水果才能够保持天平平衡？

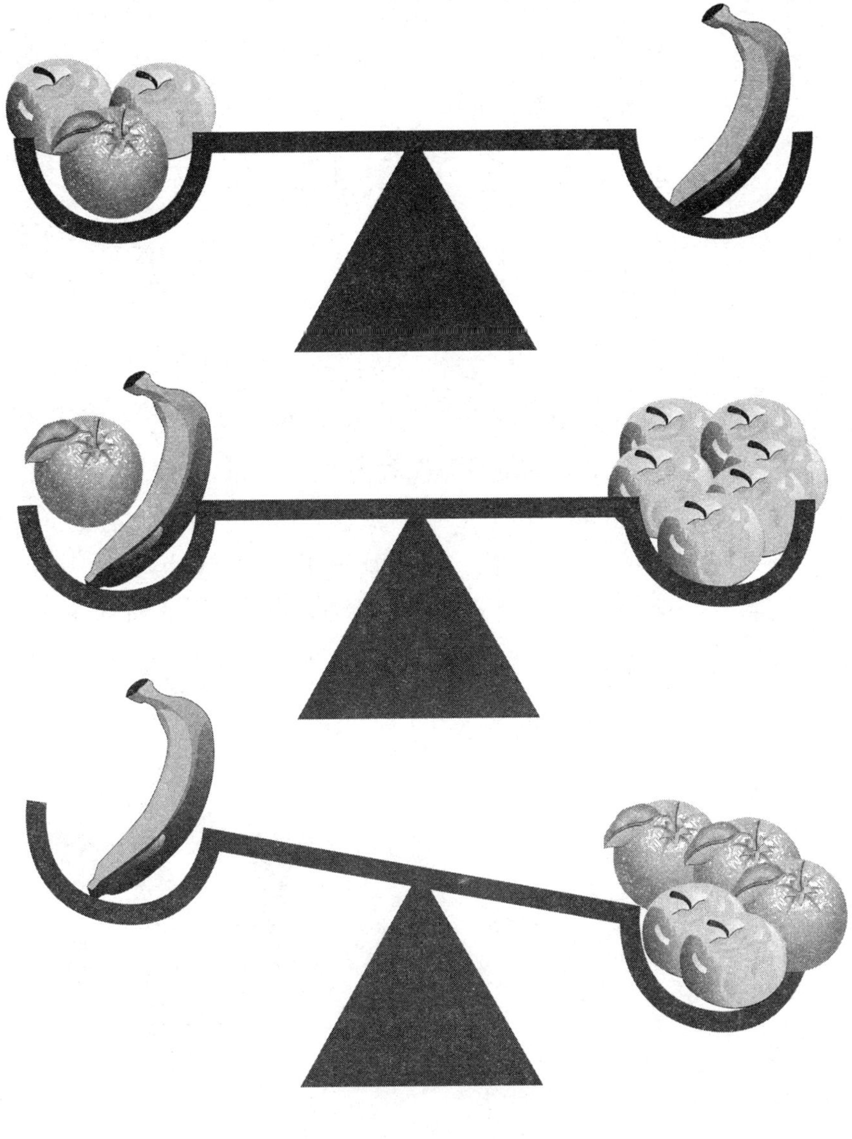

14. 如果▲是 64 的平方根，三个▲等于●，■等于●的四分之一，那么■的值是多少？

15. 在下面的 4 个序列中，接下来的一个数字分别应该是什么？

a) 66, 44, 24, 6

b) 144, 12, 120, 10

c) 22, 29, 43, 64

d) 55, 74, 57, 72, 59

16. 莉迪亚 1998 年 4 月 1 日在银行存了 1000 美元。年固定利率是 8%，每年的 1 月 1 日结息。如果储蓄时间少于 1 年，那么利息与当年所存款时间按比例计算。如果莉迪亚在 2000 年 5 月 1 日取出这笔钱，那么在税前她可以获得的利息是多少美元？(精确到整数)

17. 根据下面六角星形中各数字之间的关系，求出问号处的值。

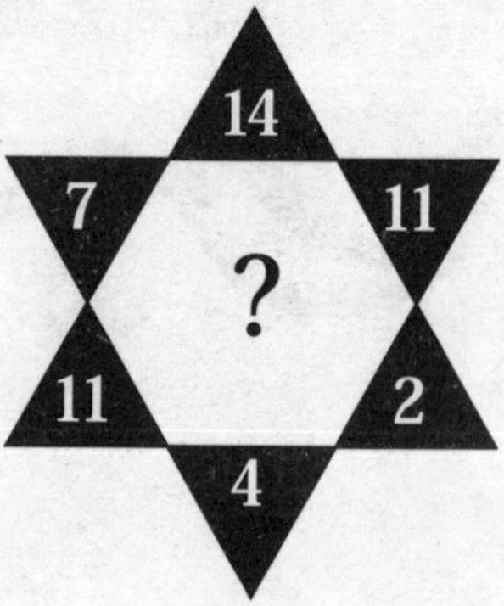

18. 一个水箱底面积为 24×18 cm，高为 30 cm。萨姆往里面装满 2/3 的水。由于好探究，他想知道自己刚买的一个用铅做的玩具士兵的体积。萨姆把它放入水箱后，水平线上升到了 22 cm。这个玩具士兵的体积是多少立方厘米？

19. 3 个朋友外出正赶上夏季促销。如果乔的花费是迈克的 60%，迈克的花费是里艾姆的 120%，他们 3 个人的总花费是 730 美元，那么他们各自花了多少钱？

20. 找到下面图案中的 3 个要素，计算字母 A、B、C 所代表的数字或基本运算符号。

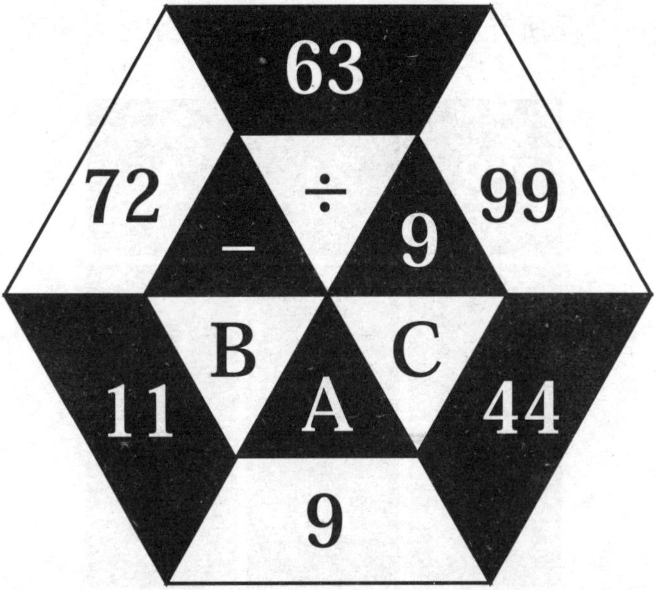

21. 卢克决定提高自己打十柱保龄球的技能。上次成绩显示，他每局 1/4 的时间击中 4 个球瓶，2/3 的时间击中 7 个球瓶，其他时间击中 10 个球瓶。照此成绩，两局之后，他平均有可能击中多少个球瓶?

22. 某自然保护区内种了一棵橡树。园林负责人希望在小树的周围围起防护栏。小树与防护栏任意一点的距离是 90 cm。如果圆的面积等于 $\pi \times R^2$，R 为半径，π 约等于 3.14，那么这个防护栏围起来的草地面积是多少平方厘米? (精确到整数)

23. 思考下面的正方形，确定 A、B、C 的数值。这不是一个纵横图 (即纵列、横列的数字，无论是水平看、垂直看，还是对角看之和都相等)，但是所有水平线或垂直线上的数字之和相等。

12	21	A
B	13	19
20	16	C

24. 100 克杏的价格是 $ 2.40，奇异果的价格是其 2 倍。如果 2 个奇异果的重量等于 5 个杏的重量，而每个杏的重量是 10 克，那么 $ 3.60 可以买多少个杏？

25. 布莱德的年龄是其父亲年龄的一半，而他父亲的年龄是他侄女艾美达年龄的 3 倍，他们三个人的年龄之和等于布莱德 88 岁祖母的年龄。布莱德的年龄是多大？

26. 毕达哥拉斯定理的表达式为：$X^2 + Y^2 = Z^2$，其中 X 和 Y 是直角三角形中的两条直角边的长度，Z 是斜边的长度。如果 X 是 Y 的 3/4，Y = 8 cm，那么 Z 是多少厘米？

27. 366 天的闰年每 4 年轮回一次，除了百年年份不能够被 400 整除之外，每个闰年年份都要能够被 4 整除。莎士比亚 (1564—1616) 在他有生之年经历过多少个 2 月 29 号？(包括其生卒的年份)

28. 利用下图三角形的面积计算圆的面积 (精确到整数)。如果必要的话，你可以参照前面的题目。

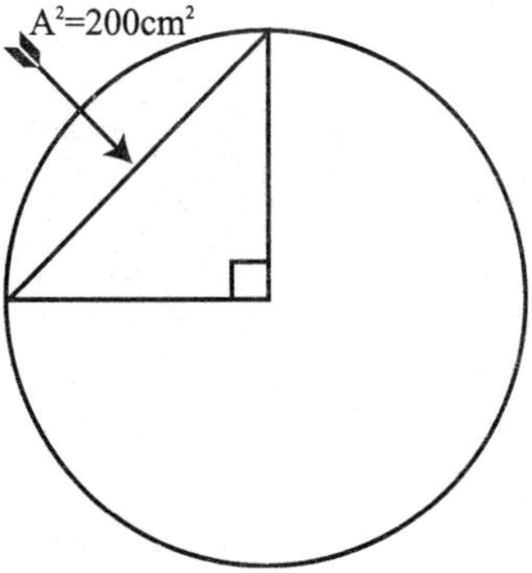

29. Gizmos and Gadgets公司正在计划下几个月的生产。工厂的生产日是每周的星期一到星期五。每个生产周期生产出每种产品的170件。Abcas的一个生产周期是6天；Bacas为5天，Cabas为9天。由于资源的限制，在计划的100天之内，每次只能进行一个生产周期。在此期间生产了850件Bacas，Abacas的生产用去了6个工作周。用完所有的计划生产时间之后将有多少Cabas生产出来？

30. 如果字母表中每个字母的数值与其位置相对应，也就是说，A = 1，B = 2，C = 3，…，那么元音字母之和的平方是多少？

测试二答案

1. a) 122 (× 3 − 1),
   b) 44 (− 4, − 8, − 12, − 16),
   c) 10 (把每个数字的十位数与个位数加起来，然后乘以 2),
   d) 95 (+ 11, + 13, + 15, + 17)。

2. 18 分钟。

3. 问号处应该填 21。(直接相对的一对数字之和等于 55。)

4. 问号处应填入圆。(三角形代表数字 5，正方形代表数字 8，圆代表数字 9。)

5. 4 和 5。

6. A = 7，B = ×，C = –，D = 12，E = –。

7. 他们应该在下午刚过 5 点时出发 (精确地说是下午 5 : 06)。

8. 由于每行的数值都没有给出，因此任何正方形都不能给定一个数值。

9. R = 6，S = 12，T = 5。

10. a) $3 \times 4 - 5 + 6 = 13$，

b) $(7 + 8) \times 9 - 10 = 125$，

c) $(11 + 12 - 13) \times 14 = 140$。

11. 55。

12. A = 5，B = 4，C = 15。(每条斜带中数字之乘积是其紧邻较长斜带中数字之乘积的一半。)

13. 添加 1 个香蕉。(苹果 = 1，桔子 = 2，香蕉 = 4。)

14. 6。(三角形 = 8，圆 = 24，正方形 = 6。)

15. a) -10 (-22，-20，-18，-16)，

b) 100 (÷ 12, × 10, ÷ 12, × 10)，

c) 92 (加上 7 的倍数：＋ 7，＋ 14，＋ 21，＋ 28),

d) 70 (＋ 19, － 17, ＋ 15, － 13，＋ 11)。

16. 145 美元。

17. 308。(它是两个大三角形中每个三角内三个数字的乘积。即：$14 \times 11 \times 2 = 7 \times 11 \times 4 = 308$。)

18. 864 cm^3。

19. 乔的花费是 $ 180，迈克为 $ 300，里艾姆为 $ 250。

20. A = 7，B = ×，C = 28。(运算沿六边形的对角线进行)

21. 13。

22. 25434 cm^2。

23. A = 17，B = 18，C = 14。(所有水平和垂直直线上的数字之和为 50)

24. 3。

25. 24。

26. 10 cm。

27. 14。

28. 314 cm^2。

29. 850。

30. 2601。(A = 1，E = 5，I = 9，O = 15，U = 21。元音字母之和是 51，$51^2 = 2601$)

得分与评析

此测试最高分为 30 分。

- **25 分以上**

只要超过 25 分都是绝对好的成绩，如果你在其他测试中的得分也同样好，那么就说明你拥有非常高的智商。

- **20—24 分**

这个分数很好，但不太算是天才的分数。或许，其他测试的结果也许能够弥补你在数学上的缺陷。对于多数人来说，得分超过 20 就值得庆祝。记住，我们目前的目标是寻找优秀中的优秀者。

- **15—19 分**

这个分数对付日常用途来说足够好了，但就智商而言不是很高。

- **15 分以下**

如果你的得分在 15 分以下，那么说明你对数字不精通，你的数字推理能力需要提高。所幸这种推理能力是可以通过练习得到提高的。

测试三　词汇量

词汇量大不仅常常被认为是智商高的一个标志，而且还被看作是有利于引导智力的一种能力。如果你能够玩弄文字概念，那么你就有可能有效地处理思想观点，与他人轻松沟通。下面的试题将测试你的英语词汇量。这些词汇虽然都很难，但都是常用词汇。我们没有选那些已废弃的词汇或方言词汇。尝试下面的测试，看看你能做对几个。从每个小题后面的A、B、C、D四个选项中选择一个与前面词语意义相同的选项。

		A	B	C	D
1.	PRAGMATIC	Political	Accurate	Practical	Civil
2.	EPICURE	Philosopher	Author	Fraudster	Gourmet
3.	GRADATION	Degree	Height	Veracity	Dexterity
4.	HETERODOX	Rigid	Varied	Unfair	Unconventional
5.	SABBATIZE	Ritualize	Confirm	Bless	Organize
6.	ENDEMIC	Popular	Native	Thoughtful	Final
7.	ENDOGAMOUS	Friendly	Matrimonial	Free	Grateful
8.	HASLET	Jerkin	Relation	Entrails	Armour
9.	GALACTIC	Milky	Astronomical	Stellar	Huge
10.	LASSITUDE	Heat	Overeating	Faintness	Verbiage
11.	LEPID	Cool	Weak	Unkind	Pleasant
12.	DARIOLE	Mould	Forge	Decoration	Dagger
13.	FALCATE	Tremble	Crossed	Sickly	Sickle-like
14.	GEMINATE	Doubled	Bejewelled	Flourishing	Growing
15.	MORPHEW	Leaf	Vein	Sacrifice	Skin eruption
16.	PROTOPLASM	Living matter	Organism	Cell wall	Erudition
17.	PROPRIETY	Decency	Rulership	Efficiency	Courage
18.	SESSILE	Fragile	Sedentary	Straight	Pleated
19.	PROSAIC	Thoughtful	Dull	Hopeful	Varied
20.	MONOLITH	Pillar	Arch	Building	Construction
21.	PELTA	Roof	Shield	Sword	Verse
22.	JUGATE	Unusual	Decent	Paired	Forgotten
23.	CRAPULENCE	Dishonesty	Boasting	Sickness	Violence

		A	B	C	D
24.	EXTIRPATE	Destroy	Forget	Flee	Forgive
25.	GESTALT	Recognition	Pattern	Shadow	Area
26.	INCRESCENT	Large	Slow	Bright	Waxing
27.	MORDACIOUS	Biting	Wicked	Extreme	Gleeful
28.	ONUS	Honour	Burden	Rebate	Penalty
29.	COAPT	Dense	Slow	Join	Formal
30.	ESTOP	Cork	Preclude	Terminus	Here
31.	FROTTAGE	Rubbing	Embroidery	Parsimony	Rejoicing
32.	KITH	Relatives	Friends	Knowledge	Peel
33.	GABELLE	Ornament	Jewel	Tax	Toy
34.	DURUM	Wheat	Plenty	Pleasure	Soil
35.	LIMPID	Cold	Poor	Depraved	Clear
36.	MORIBUND	Dying	Poorly	Sash	Belt
37.	PENCHANT	Hanging	Bias	Mirror	Overhang
38.	PUTATIVE	Unconfirmed	Untried	Powerless	Reputed
39.	MEPHITIS	Inflammation	Growth	Stink	Infection
40.	INCHOATE	Angry	Worried	Incomplete	Sideways
41.	GENITIVE	Possessive	Giving birth	Delayed	Productive
42.	JEJUNE	Yellowed	Valuable	Doubtful	Spiritless
43.	FETTLE	Order	Chain	Control	Mend
44.	MORSURE	Bite	Lace	Cinch	Corruption
45.	INVEIGLE	Contradict	Invent	Entice	Dispute
46.	INVEIGH	Humiliate	Forbid	Destroy	Attack
47.	PINION	Wing	Stake	Breath	Consume
48.	NEFANDOUS	False	Gloating	Stolen	Abominable
49.	LENTIGO	Vegetable	Freckle	Mouse	Framework
50.	FABIAN	Indecisive	Cowardly	Delaying	Secret

测试三答案

1. C	11. D	21. B	31. A	41. A
2. D	12. A	22. C	32. B	42. D
3. A	13. D	23. C	33. C	43. D
4. D	14. A	24. A	34. A	44. A
5. A	15. D	25. B	35. D	45. C
6. B	16. A	26. A	36. A	46. D

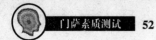

7. B	17. A	27. A	37. B	47. A
8. C	18. B	28. B	38. D	48. D
9. A	19. B	29. C	39. C	49. B
10. C	20. A	30. B	40. C	50. C

得分与评析

本测试最高分为 50 分

● 45 分以上

这是一个很困难的测试。如果分数超过 45 分，那么你的英语词汇量是相当大的。你很可能能够熟练运用词汇，而且可以轻松地完成令你朋友头疼的一些字谜游戏。

● 35—44 分

这个分数确实很好，你的词汇量仍超出一般水平。

● 25—34 分

这个分数非常值得表扬，表明你对语言有很好的驾驭能力。

● 15—24 分以下

这是一个平均分。这个测试中确实含有许多常用词汇，虽然你不可能每天都使用，但它们属于受过良好教育者应该掌握的词汇。

● 15 分以下

如果得分在 15 分以下，你需要努力扩大自己的词汇量。

测试四　文字推理

发挥你语言方面的聪明才智完成下列题目。测试限时 5 分钟。

1. 砖块与房屋，相当于，树枝与：
   A）木头　B）树木　C）小木屋　D）老鼠　E）鲜花

2. 潮湿与干燥，相当于，生病与：
   A）健康　B）正确　C）疾病　D）神志清醒 E）干燥

3. 苹果与西红柿，相当于，大头菜与：
   A）胡萝卜　B）面包　C）李子　D）鳄梨　E）碗

4. 杵与砂浆，相当于，丛林与：
   A）水　B）建筑　C）泥煤　D）森林　E）堡场

5. 水蒸气与降水，相当于，蚕茧与：
   A）寒冷　B）外界　C）蛹　D）喷雾　E）丝

6. 小孩与成人，相当于，树苗与：
   A）橡树　B）树枝　C）木头　D）树　E）桌子

7. 结局与开始，相当于，顶峰与：
   A）山顶　B）底部　C）高度　D）雪　E）山脉

8. 陈旧与新颖，相当于，妥协与：

A）让步　B）撒谎　C）坚定　D）同意　E）道歉

9. 马拉松与耐力，相当于，火与：

A）烟　B）火焰　C）光　D）燃料　E）灰烬

10. 页与书，相当于，蛋黄与：

A）粘合　B）白色　C）蛋　D）母鸡　E）孵化

11. 娘娘腔与男人，相当于，假小子与：

A）小孩　B）女孩　C）温柔　D）平衡　E）正直

12. 脱毛与毛发，相当于，割与：

A）切　B）田野　C）土壤　D）草　E）修剪

13. 温度与度数，相当于，距离与：

A）米　B）遥远　C）时间　D）空间　E）分离

14. 材料与可触知，相当于，理论与：

A）规则　B）抽象　C）论点　D）解释　E）思想

15. 绷紧与拉直，相当于，拉长与：

A）缩短　B）问题　C）解散　D）延长　E）增加

现在你已经完全热身了吧？继续努力做下面的试题：从下列每组词语中找出一个不合群的。

16. A）墨守成规者　B）正统的人　C）传统主义者
D）持不同政见者　E）顺从者

17. A）轻视　B）鄙视　C）污蔑　D）赞美　E）蔑视

18. A）传统　B）改革　C）变革　D）革新　E）变换

19. A）不断　B）不懈　C）抵抗　D）持续　E）继续

20. A）精通的　B）准时的　C）能干的　D）有能力的　E）灵巧的

21. A）俘虏　B）被拘留者　C）受优待的囚犯
D）囚犯　E）监护人

22. A）强迫　B）迫使　C）结合　D）强制　E）胁迫

23. A）君主　B）独裁者　C）暴君　D）专制统治者
E）反驳

24. A）报复　B）报仇　C）强制　D）报答　E）回报

25. A）清点　B）编页码　C）计算　D）运算　E）演算

26. A）癖性　B）怪癖　C）癖好　D）习性　E）慈善

27. A）分类　B）归类　C）排列　D）编辑　E）排序

28. A）中央　B）主流　C）中脉　D）等距　E）中心

29. A）行话　B）隐语　C）索引　D）方言　E）土语

30. A）预谋的　B）自发的　C）临时的　D）即兴的　E）即席的

测试四答案

1. B	11. B	21. E
2. A	12. D	22. C
3. A	13. A	23. E
4. E	14. B	24. C
5. E	15. D	25. B
6. D	16. D	26. E
7. B	17. D	27. D
8. C	18. A	28. B
9. D	19. C	29. C
10. C	20. B	30. A

得分与评析

此测试最高分为 30 分。

- **25 分以上**

25 分或 25 分以上是优秀。

- **20 分以上**

20 分以上非常值得表扬。

- **15—19 分**

这个分数说明你应该注意自己的语言能力。

- **15 分以下**

15 分以下表明你在语言方面有问题。

创造力

创造力和创新性思维是天才固有的特征。但是，我们前面已经讲过，如果孤立来看，这些特长可能不会发挥什么作用。时势和思想的合理性也是天才之创造力的先决条件，同时还需要坚持不懈的毅力。

创造力可以有各种不同的表现形式。我们前面提到过一些卓越的天才就有着迥然不同的天赋：莎士比亚是文学天才，爱因斯坦是科学天才，莫扎特是音乐天才。

下面的问题旨在测试你的创造力，但是你应该认识到你的创造力也可能表现为不同的形式。通过下面的测试，自我评价一下你的创造力。但是要记住：一个聪明的点子不能充分说明你就是天才。

你的个性是否有创造力?

尝试迅速回答下列问题，对自己的创造力做诚实中肯的评价。

1. 你觉得集体讨论问题：

   a）太麻烦——你感觉很难迅速提出自己的想法。

   b）非常刺激——你感觉大脑的运转速度比你的笔头来得快。

   c）很有用，尤其是和其他人在一起——当他人发表自己的看法并帮你完善观点时，你的思维极其活跃，能够想出很多点子。

2. 在日常生活中，按照食谱做菜或尝试自己动手做某样东西时，结果发现缺少了一件说明中列举的材料，你会：

   a）感到很沮丧，于是寻找一种替代品。尝试使用替代品改变制作的程序，但常常出错。

   b）先出去购买所需要的材料，然后再继续做。

   c）轻松地做出调整，利用现有的材料或迅速寻找替代品。一般都会达到预期的结果。

3. 你购买了某件东西，但是需要在家做简单的组装，回家后却发现说明书是日文（而你的日文已经荒废很久，看不懂）。你最有可能：

   a）把所有的部件摆放出来，琢磨哪一件应该装在哪个地方，应该怎样装。通常情况下都能够装好。

   b）联系零售商，要求提供你能够看懂的文字的说明书，否则就要求退款。

   c）寻求朋友的帮忙。

4. 对于艺术品，你觉得：

   a）很乏味。你不能够理解它们所要表达的意思，也难以评判其好坏。

   b）很吸引人。你觉得很容易沉浸于抽象油画所要表达的意象中，而且能够对它做出几种不同的阐释。

c）有趣，但不会入迷。你往往需要一些相关的说明，从而帮助你去理解作品内涵。

5. 有一种普遍的看法认为，每个人都有创作一部小说的潜力。这种能够写一本书的前景让你感觉：

a）很兴奋。你喜爱和文字打交道，喜欢用寓意丰富的文字来表达自己的思想。你感觉虚构故事情节是件很容易的事。

b）有挑战。尽管你也想以此一举成名，但是你更愿意脚踏实地做事，积累自己的经验，从经验中寻找灵感。而写一本完整的书需要花费太多的时间和精力。

c）没劲。你可能也很喜欢阅读，但更愿意把写书这种事让更富有想象力的人去做。

6. 对于考试题目，你更喜欢下面哪一种类型的问题：

a）多项选择题。

b）可以自由回答的小论文形式的问题。

c）可以根据提供的相关信息解答的问题。

7. 你最喜欢下面哪种活动：

a）看电视。

b）阅读。

c）写作。

8. 对于一群音乐家，你也在其中，当演奏你选择的乐曲的时候，你喜欢：

a）看着乐谱，严格按照乐谱演奏。

b）和一群情趣相投的音乐家一起即兴演奏。

c）凭记忆演奏，重现你听到过的乐曲，并在可能的地方做些修饰。

9. 如果你突然有一个想法，但转念又想为什么以前没有人想到或做这件事，这时最有可能会：

a）首先对这个想法进行一些研究和深入的思考，如果还做不出什么实质性的东西，则可能发起一场热烈的辩论。

b）一笑了之，认为不值得做深入思考，宁愿想想午饭该吃什么。

c）全神贯注地思考一段时间之后，就会想其他的问题——再回到这个想法上来的愿望通常是不可能实现的。

10. 你认为自己：

a）有创新精神——你不喜欢循规蹈矩。

b）是个跟随者——你喜欢按常规做事，但是如果认为别人的想法正确，你也愿意给予支持。

c）不好不坏——你是一个较为懒散、随遇而安的人。

得分

得分越高，说明你的创造力越强。

1. a）0	b）2	c）1
2. a）1	b）0	c）2
3. a）2	b）0	c）1
4. a）0	b）2	c）1
5. a）2	b）1	c）0
6. a）0	b）2	c）1

7. a) 0	b) 1	c) 2
8. a) 0	b) 2	c) 1
9. a) 2	b) 0	c) 1
10. a) 2	b) 1	c) 0

得分与评析

此测试最高分为 20 分

- **17—20 分**

说明你具有非凡的创造力，有许多创新性的想法。

- **13—16 分**

这是一个很好的分数，通过练习还可以进一步提高。

- **9—12 分**

说明你还需要努力提高自己的创造力。

- **9 分以下**

表明创造力确实非你所长。

◎ 创造力头脑风暴

下面测试题的答案没有对错之分。诀窍是不断地思考，直到真正的创意出现。不要满足于最先想到的答案，因为其他人也很可能会想到这些。只有在你觉得已经绞尽脑汁，山穷水尽之时，而突然间又柳暗花明，你才能够真正得分。

思考下面方框中物体的用途，打破传统的束缚：在3分钟的时间内快速写下一件物品尽可能多的用途。展开想象力的翅膀，让你的思维飞翔吧——身体的缺陷并不是一个问题！

1. 一把木勺
2. 一顶棒球帽
3. 一只可充气的轮胎
4. 一个金属衣架
5. 一根20米长的绳子
6. 一个烟囱
7. 自由女神像
8. 一场桌面足球游戏
9. 打捞上来的泰坦尼克号沉船
10. 白宫

观察下列一组抽象图形，写出你对每一张的解读，越多越好。答案没有对错之分——这个练习的目的是考察你的横向思维能力和创造力。

◎动手练习

运用你的创造力尝试下面的挑战——这里的问题多了一些实践性。创造力的全部意义不仅仅包括创新的思维，而且还包括动手实践。简单、便捷的解决方法通常是不存在的——可能根本就没有解决方法，也许只有一个，也许有很多。因此，如何看待你的成绩完全由你自己决定。你对自己的表现满意吗？你是没有主意呢，还是觉得没有时间去实施你的全部想法？

练习 1

准备几张纸和一把剪刀。在不用黏合剂的条件下，你能将纸张做成一只盒子吗？

练习 2

拿着剪刀，取一张明信片或明信片大小的纸张。你能否将它剪成一种形状，让你的身体完全从它中间爬过，而纸张仍然保持一个整体？

练习 3

把 12 根火柴放在你面前。一次你想用几根就用几根，但必须摆放成一个可以辨认出的物体的形状，例如一条鱼的轮廓。10 分钟内你能够摆出多少个造型？

练习 4

进入厨房找一找，看你能发现多少种可以制作成“乐器”的器具。如果你能够创造出自己的迷你交响乐那就更好了！

练习 5

要是你比较喜欢文学的话，那么就准备笔墨纸砚，开始创作你的短篇小说。你想用多长时间就用多长时间。不过，动笔之前最好先研究下面列出的词：你的故事情节必须尽可能多地包含这些东西或事件，顺序不限。你的故事要限制在 500 字以内。如果你觉得自我评判可能会有失偏颇，那么就请一位朋友或家人做评判。评判的主要标准是看你作品的想象力如何，同时故事情节必须连贯，而且要尽可能吸引读者。这里，你的创造力将和你的另一种能力——把某个想法贯穿到底，并使之成功——一起接受检验。故事包含的事件越多越好，但是要顺理成章，不合逻辑则要扣分！

1. 一只猫
2. 一支蜡烛
3. 瓦斯爆炸
4. 大海
5. 家庭关系
6. 一个蒸锅
7. 一把大提琴
8. 星期二
9. 法国法郎
10. 巧克力蛋糕
11. 一辆摩托车
12. 太阳能电池板
13. 一张电话账单
14. 一次考试
15. 雨

专注

“如果你想做罗马教皇，你就必须不想其他事情。”

——西班牙谚语

为了使工作更有成效，天才需要专注。你不可能不费吹灰之力就能够成为天才，这是不现实的。专注与创造力似乎有密切的联系。这种联系存在于人们的潜意识之中，说不太明白，但是从事创造性劳动的人能够立即意识到。如果你全身心地专注于你的工作，并且竭尽全力投入其中，你就会发现，即使在你停止工作的时候，潜意识仍会继续围绕你所专注的问题运转，而且往往会在你最意想不到的时候为你找到一个解决方案。它也会产生出完全出乎意料的解决方案。这确实是件不可思议的事。你的潜意识能够想到你平时大脑所不能发觉的东西。这种结果很令人兴奋，但是一点也不奇怪。但这种结果的前提是你必须非常专注于自己的工作。干坐着等待灵感的出现，就像坐在那里等待被雷电击中一样。

托马斯·爱迪生是一个值得我们敬佩的专注的榜样。他在寻找一种适合的材料作电灯灯丝的时候表现得非常专注。为了寻找最合适的物质，他经过了数十、甚至上百次试验。因为他所做的一切全都是新的，他不知道哪一种物质能够在不燃烧的情况下发出强烈的光。

爱迪生说，天才是百分之一的灵感加上百分之九十九的汗水。他这种类型的天才确实如此。

我们已经明白了专注的重要性，但是，怎么能够达到专注呢？你是否还记得学校里老师经常要求你集中注意力，但是他们从来没有告诉你如何集中注意力。而且，我们很多人都不太能够做到这一点。当你发现真正专注的人时，你会非常佩服。我有一个德国朋友就是一个非常专注的人。在她阅读一本书的时候，能够对外界的一切充耳不闻，直到她读完那本书为止。她一口气能够织一件毛衣，根本不想其他事情。我真希望我也能够像她那样。

看看莫扎特谱写的无数乐曲，或者留意达·芬奇所探索的学科（达·芬奇不仅有很高的艺术才能，而且他在工程学、解剖学、建筑学方面也很有名）。能够有这样杰出的成就，他们一定有非常强的专注力。你一定知道，全神贯注于某种事物的时候，你所专注的程度与你对该事物的兴趣是成正比的。说莫扎特讨厌音乐是绝对不可信的。你的专注力越强，你吸收的知识就会越多，你就越有机会充分发挥自己的潜能，比如发明一种特效疗法或写一部著作。那么，影响你专注力的东西是什么，你又如何能够提高自己的专注力呢？

周围环境

你工作的周围环境会对你的专注程度有很大的影响。你所处的环境：

是否太冷或太热？

如果你被冻得瑟瑟发抖，你就不可能完全专注于自己手头上的工作。如果太热，你有可能会昏昏欲睡。

是否有太多的噪音干扰？

如果孩子们到处跑着吵吵嚷嚷，音乐在大声播放，电话铃声响个不停，那么你就不可能很好地集中注意力。当然，也许你发现有一定的背景噪音有利于你集中注意力，但音量太大就会有不利影响。你可以考虑换一个房间，与噪音的制造者达成妥协，要求他把音乐的音量关小一点，或者关上窗户，或者戴上耳塞。如果这些选择都办不到的话，那么就设法接受噪音，使自己摆脱烦恼。也许问题是出在你事先就已经确信自己不能够在这样的环境里工作，而不是真的因为周围有干扰。那么你就要想办法消除这种心理影响了。

光线是否充足？

光线不充足会引起困倦、眼睛酸痛、昏昏欲睡，以及引发过度疲劳。在工作区域上方放一盏灯不仅可以提供良好的光线，而且还有助于你集中注意力。良好的太阳光和白炽灯比其他电灯更有利于你集中注意力，而且还不容易引起疲乏和无精打采。

通风是否良好?

憋闷和通风效果差的工作区域可能会引起呼吸困难、困倦和不舒服。你身体越放松，你的专注程度就会越高。

工作区域是否整洁?

如果你的周围到处都是垃圾，混乱不堪，那么你就不可能有清晰的思维和洞察力。如果你一时间要处理许多事情，那么就设法把各项任务分开。这将促使你专注于目前的工作，将分散注意力的可能降到最低。保持工作区域的整洁有助于你保持头脑清晰。

工作区域是否专门为工作所留?

除了刚才提到的工作区域不整洁之外，任何工作区域内与工作无关的活动都有可能分散你的注意力。懒洋洋地躺在床上学习最有可能让你感觉想睡觉；在厨房里工作会让你更想看看冰箱里放着什么好吃的东西，而不是想着如何解决问题。把某一个区域专门划为工作区域，即使仅仅是一张专用的椅子，也有利于你提高专注力。

桌子/乐器/画架的位置和高度是否合适?

将身体的不舒服降到最低。只有在你根本都想不起来这个问题的时候，一切才是合适的。

衣服是否舒服，不受限制?

如果太舒服、太放松，你会发现大脑也有同感。你不妨做个实验：如果在家工作你感觉很难集中注意力，那么穿上西服后可能不太容易分散注意力，穿着西服你也不可能有要去清洗浴室的念头。

事件

如果你非常热衷于一件事，那么你就不需要过多地注意自己专注的程度。但是，大多数人似乎都有太多的想法和关注，大脑容易分神。下面提供一些建议，帮助你游荡的大脑更专注一些：

“但是太枯燥了！”

如果你从事的工作很枯燥，那么就想一想：你是否可以做得效率高点呢？问自己为什么要做这件事：如果有必要的话，把它看作是达到一种结果的手段。在灵感到来之前一定得先付出汗水。你是否能够在工作中注入一些幽默，从而使其变得有趣？是不是在你没有动手之前就把它归类为乏味之列了？

“我必须得记住喂鱼……”

如果你满脑子都是日常生活中千篇一律的事情，或者老是想着其他活动，那么你是不可能完全专注的。在做一项主要的工作之前，先花费几分钟时间列一张“要做之事”清单，从而可以使你摆脱这些事情的干扰，而不必老想着“我必须得……”。

提前计划

一项新的活动或想法也许看上去会让你有退缩的感觉，特别是性质复杂的活动。可能会让你觉得不知道“从哪里开始”，感到茫然，无所适从，这很有可能会妨碍你做出任何专注的尝试。因此，我们强调你需要一个计划。当然，如果你尽情地发挥自己的创造力，你也许不知道自己的工作将走向哪里。但是，如果采取一个较为系统的方法，那么你就可以考虑工作进展中的每一个阶段，考虑如何处理。当你依次处理的时候，你就可以只专注于那一个问题，从而不容易被“较大的图景”所分神。

快速阅读

像许多人一样，如果你在阅读的时候老是走神，总是回忆不起来上面一段话讲的是什么，那么你需要注意自己的阅读技能。阅读得越快，就越不容易走神。但是，如果太快就会遗漏文字，也就不能够充分理解文章。通过阅读报纸上的文章做练习，读后在不参考原文的情况下写下主要信息。这将帮助你吸收重要的信息，忽略不重要的内容。这其中有一个窍门，就是把文章看作是一组一组文字的集合，而不是单个文字的集合。一眼每次要看 3 或 4 个词，然后是下一组，依次进行下去。虽然最初你需要费些力气，但是通过这样的练习最终你能够一组看多个词，从而提高阅读速度。另外，通过训练眼睛抓住关键词，可以加深理解，促使你回想起读过的内容。

休息一会儿

听从你的身体。疲倦也许是不能专注的根源。休息一会儿可以消除疲劳，还你一个全新的面貌。锻炼可以起到很大作用——漫步可以恢复你的活力，激发你思维活跃；游泳本身可以通过潜意识的调整呼吸和运动促进专注的发展。

什么气味?

芳香疗法也不啻为一种很好的办法。在日本，有公司曾经通过空气调节系统让办公室内飘散某些香味，从而测试其对工作的影响。结果，他们发现柠檬和薄荷能够刺激专注程度和提高工作效率。你也不妨试试。

首先做下面的测试题，看你的专注程度如何。

现在，找一个安静的角落，摈弃一切杂念。考虑下面的情况，诚实地选择你最有可能做出的反应：

1. 在日常交谈中，你有没有问过“我刚才说到哪里了”，这种情况多长时间发生一次?

   a）从来没有。

   b）经常。

   c）偶尔。

2. 你正在阅读一篇有一定难度的科学文章，你感到非常吃力。你最有可能：
   a）没过多久就开始做白日梦，于是就放弃，免得浪费更多时间。
   b）始终保持全神贯注，并完全理解已经读过的大部分内容。
   c）努力读了几分钟后，仍然感到不知所云，于是从头再来。

3. 假设你工作的地方是一个忙碌的开放式办公室。你感觉自己：
   a）能够排除干扰，全神贯注于自己正在做的工作。
   b）工作效率极低——注意力经常会随着周围人的走动和噪音而转移。
   c）能够一阵阵地连续工作，但老是走神。

4. 在哪种环境下你的工作效率最高？
   a）有连续不断的嗡嗡声为背景音。
   b）任何环境——你沉思时很少注意周围的情况。
   c）绝对安静。

5. 你正在阅读与工作有关的一堆极其枯燥的文件。阅读时你最有可能理解多少？事后你最多又能记起多少？
   a）几乎没有——开始没多久你就不读了。
   b）大部分——有比较全面的印象，同时可以说出其中许多重要的信息。
   c）一些支离破碎的印象——你的思想总是游移不定。

6. 你认为自己：
   a）能较长时间地集中注意力——只要需要，你总能够思想集中。
   b）对于刺激的事情能够集中注意力，但对于枯燥的事情则很难专注。

c）不论是对什么事情，注意力最多能维持几分钟。

7. 在聚会上，经人介绍认识某位客人之后，你最有可能会：

a）隔一段时间之后又悄悄打听起此人的姓名，因为你开始没有记住。

b）一周之后还能清楚地记得他的姓名。

c）不久之后只记得一半——因为你在当时的寒暄中没有完全集中注意力。

8. 如果有人委托你以自己最感兴趣的题目写出一篇很长的文章，限时一周，你会：

a）立即动笔，而且能够保持思路清晰，工作效率极高，最后提前完成。

b）拖延几天后再匆忙应付，最后为按时交稿而通宵达旦。

c）为自己制定一个严格的时间表，大体上遵照它来执行，但有时会觉得不能集中精力，需要休息。

9. 在日常生活中你最有可能：

a）一件事还没干完，就去做另一件事，匆匆忙忙地应付不同的工作。

b）全身心投入正在做的事情，并且总是在最大限度地完成手头的工作后，才去做另一件事情。

c）集中精力同时做一件以上的事情——这可能比一次只做一件事情需要花费更多的时间，但你至少不会感到枯燥。

10. 你做白日梦的情况：

a）经常——但一般都是因为受到较为严重的干扰。

b）极少——你通常对正在做的事情都非常专注。

c）偶尔——但只是在你觉得所做的事情特别枯燥的时候。

11. 在提出一个问题之后，因为对方回答的时候你心不在焉而不得不再次提问，这种情况曾经发生在你身上吗？

a）偶尔。

b）经常。

c）极少。

12. 如果要为一个没完没了的会议做记录，你会觉得：

a）很烦，但你还是能专心地做这项工作。

b）你需要付出很大的努力才能减少出错率。

c）难以胜任——你不能够专注于这样的事情，倒更善于将这样的差事推给别人。

13. 你会自言自语地说："真糟糕，我简直无法专心。"有这样的情况吗？

a）经常——无论是在什么样的情况下都会有。

b）有时——但一般是因为受到了外界的干扰。

c）很少——你能够在你认为必要的时候保持精神集中。

14. 在一个团队里，你正在解决一个非常复杂的问题。你最有可能是什么样的人？

a）设法让你的同伴集中精力于这个问题上，虽然没有成功，但是你不愿偏离主题，也不愿分散注意力。

b）设法"让气氛活跃起来"——传播一点小道消息或建议大家喝杯咖啡。

c）时不时地参加讨论，发表一点自己的看法，但是思想常常跑题。

15. 开车时因发现自己注意力不集中，而且有人挡在前面，猛踩刹车或把车停在道上不走。这种情况发生在你身上吗？

a）总是发生。

b）有时发生。

c）几乎没有。

16. 听到一些意想不到的（但不是令人烦恼的）有关你个人的消息。第二天上班时，你会：

a）一如既往，下班前根本就没有把那件事挂在心上。

b）无法释怀——你满脑子都是那个消息。虽然你努力想集中注意力工作，但最终还是徒劳无益。

c）工作效率稍稍低于平时——精力可能会有短暂的分散，不过一旦意识到，你就能够立即把注意力放在工作上。

17. 你感觉时间有限：

a）很痛苦——尽管你竭力想专心工作，但仍然会发现自己时不时地想着还剩多少时间。

b）没多大影响——你只会受兴趣程度的影响，总的来说，你比较容易定下心来投入工作，直到完成。

c）是一个有益的刺激——越是到了最后期限，你就越能够集中精力，因为你知道工作必须按时完成。

18. 你被卷入了一场口角：你的同事坚持认为他 / 她告诉过你某件事，而你却毫无印象，而且断言他 / 她没有对你说过。这最有可能是：

a）他 / 她确实告诉了你，而你当时没有注意。

b）你的同事搞错了，实际上他 / 她告诉的是别人——你听人说话时总是很专心。

c）他/她确实告诉了你，但你认为它并不重要，因此很快就忘记了。

19. 你正在用计算器做一组烦琐的计算，要把一长串数字加起来。你觉得：

a）有点沮丧——你发现最后不得不重新计算，因为忘记算到了哪里。

b）简直是一场噩梦——因为你对自己输入的数字是否正确并没有把握，结果前后总共算了6次，才有两个总和相一致的结果。

c）不成问题——你确认自己输入的数字没有出现差错，因此对第一次的计算结果很有把握。

20. 这是一个惬意的夜晚，你正在看一部引人入胜的恐怖片，错综复杂的情节正在一步步展开。你可能会：

a）对故事情节有所了解，但是还不能完全确定整个故事的内容。

b）时不时地有人问你下面的情节，因为他们觉得你是最有可能回答这些问题的人。

c）你是不断发问的人。

得分

	a	b	c		a	b	c		a	b	c
1.	2	0	1	8.	2	0	1	15.	0	1	2
2.	0	2	1	9.	0	2	1	16.	2	0	1
3.	2	0	1	10.	0	2	1	17.	0	2	1
4.	1	2	0	11.	1	0	2	18.	0	2	1

5.	0	2	1	12.	2	1	0	19.	1	0	2
6.	2	1	0	13.	0	1	2	20.	1	2	0
7.	0	2	1	14.	2	0	1				

得分与评析

本测试题满分为 40 分。

- **35—40 分**

你明显具有非凡的专注力，能够随时集中全部精力用以完成所面对的任何任务。在你追求天才的道路上，你这种能够高度集中注意力的能力一定会对你有很大的帮助。

- **28—34 分**

你有较强的专注力，但仍有待进一步提高。试着做做本节后面的练习，看看是否能够提高你的专注力。

- **20—27 分**

你的专注力还不错，不过思想分散的情况还是过于频繁了些。你总是放纵自己去想那些不重要的傻事。努力做后面的练习，你会发现自己的专注力确实能够提高不少。

- **20 分以下**

你的专注力确实是相当……嗯，你在注意听我说吗?

提高专注力

我们大多数人都不会有意识地去锻炼自己的专注力。考虑你正在做的事情，在开始做一项工作的时候，决心专注于它，一直到完成。工作的时候，选择一个不会被打扰的地方，确保自己感到舒适（冬天足够的温暖，夏天足够的凉爽，室内有充足的新鲜空气等）。不要工作一会儿，就去冲杯咖啡，上网查阅邮件等，那样的话等到你再回来工作的时候，你就理不清头绪了。要事先给自己的工作制订一个计划，把工作分成几个小任务，决心每次只集中注意力做完一项。完成的时候不妨奖赏自己一杯咖啡或其他东西。

我写东西的时候，我给自己规定的任务是每次写 1000 个字。如果一切进展顺利的话，当我完成第一个 1000 字的时候，我就冲一杯咖啡喝；第二个 1000 字将为我挣得一顿午饭；完成一天规定的工作量的时候，我将为晚上挣得两杯酒喝。

如果不习惯或者经常有同事找你聊天，开始你可能会发现这种工作方法很难实行。在这一点上，你要对自己和他人严格要求。如果有人想找你聊天，让他们在你奖赏自己咖啡的时候找你。

电话常常是影响你专注的祸根。电话铃总是在你最不方便的时候响起，然后电话那边与你的交谈会完全打乱你的思绪。如果可能的话，把电话切换到自动应答模式，或者使用语音信箱，保证自己在 1 个小时或更长时间内不接电话，只专注于工作。过后再留出一些时间收听来电，回一些重要的电话。用这种办法，你就可以避免不断被打扰，从而也可以避免自己的工作时间变得一团糟。

试试下面的方法

在远东地区，寺院的和尚现在仍然采用下面的方法锻炼自己的专注力。这个方法已经被用了几百年，甚至几千年，今天仍然非常奏效。在自己面前点燃一支蜡烛。舒舒服服地盘腿坐在蜡烛前，尽可能地放松。注意蜡烛的一切细节——颜色、形状、大小、火焰跳动的方式——确保自己注意到了一切细节。

现在，闭上眼睛，想象这支蜡烛。起初，你会发现只能在短时间内专注于大脑中蜡烛的形象。几秒钟之后，你的大脑中也许只有一支燃着的蜡烛的样子，但是对原本的那支蜡烛却没有了印象。睁开眼睛，再试一次。通过反复练习，你会发现自己可以越来越长时间地记住这支蜡烛的形象。这样做可以在总体上提高你的专注力。你会发现自己能够完全集中注意力去工作，对周围的干扰视而不见。

犹太教哈西德派学者们中间流传着这样的说法：你应该非常专注于自己的工作，即使有一个美貌的妙龄少女或英俊的小伙子赤裸着身体站在你的办公桌旁，你也不会注意到。当然，不会有人说这是件容易的事。而我，正好写完了这一节，我要去喝一杯咖啡了……

◎ 实用测试一

通过前面 20 道题目的测试，相信你已经知道自己的专注能力到底如何了吧。你也做了一些练习，帮助自己提高专注力。接下来的测试将反映你现在所达到的专注程度。本测试没有时间限制，你想做多久就做多久。这是一个准确率的测试，不要求速度。

这一大串数字看起来好像毫无意义，但你的任务是要数清每一行里总和为 10 的一对相邻数字的数目。每找出一对便数 1，当数到 10 时便在纸上画一短横。另外，每次如果你不得不重看一行时，那么就做一个不同的标记。最后，数一数你画的全部短横有多少，看看你找到了多少对（无论多少，都把这个数值作为正数）。然后数一数你回头看的次数。这两个数值的差就是你的得分。要想了解你的表现如何，就将你的得分除以 10，再从 40 中减去这个商。然后再对照前面测试题之后的得分评析评判你现在的专注力。答案可以在后页找到——不要偷看哦！

COUNTING MARKS

5 1 3 6 9 8 7 6 4 5 4 5 4 6 4 5 4 6 6 4 5 7 8 3 7 3 7 2 8 3 9 1 9 5 6 7 6 8 5 1

5 5 6 5 4 5 4 5 5 8 2 8 2 8 3 9 5 6 4 7 9 5 7 6 2 4 7 4 8 5 2 1 5 4 9 7 3 6 2 6

5 7 8 9 1 4 3 6 9 6 7 3 5 7 9 7 9 4 6 6 7 6 4 3 8 7 9 8 2 3 1 6 8 1 8 7 3 6 9 7

8 1 3 5 7 9 7 9 7 3 8 3 8 2 8 2 3 9 4 9 4 9 2 9 8 2 3 8 4 2 5 6 9 7 5 6 7 6 7 5

5 5 4 5 4 5 6 4 6 4 5 8 5 9 2 4 7 5 9 6 9 2 1 4 8 7 8 4 6 9 5 7 9 2 1 7 4 3 9 1

1 5 7 8 9 8 9 8 2 5 3 4 6 9 5 8 2 3 7 3 7 8 9 7 8 9 2 8 7 9 5 6 9 1 9 8 5 8 4 2

8 4 9 5 6 7 2 3 8 5 8 5 9 2 1 7 8 9 3 1 6 5 6 5 5 5 8 6 9 8 7 5 8 9 8 1 8 5 8 5

4 8 4 9 4 6 4 6 8 9 5 3 9 4 3 2 5 7 9 8 9 5 9 2 9 1 3 4 6 4 9 5 8 5 8 4 9 2 3 7

1 5 7 9 8 2 9 1 9 8 5 9 5 8 9 4 3 6 5 9 1 9 5 3 5 4 6 9 8 9 2 8 5 5 4 5 4 6 9 8

1 9 1 8 2 8 1 9 8 1 2 8 9 1 9 8 5 8 2 4 9 7 8 2 8 3 9 4 5 9 8 1 2 5 4 2 9 8 5 9

1 9 5 8 5 9 2 9 3 4 9 8 7 3 4 5 4 6 5 4 5 4 9 8 2 9 5 4 9 8 5 3 2 4 9 8 5 9 7 2

5 5 4 5 8 5 9 2 9 1 9 5 2 6 4 7 9 3 4 5 8 9 2 5 4 9 5 3 7 9 5 6 4 8 2 9 5 9 1 4

6 5 8 9 4 9 5 2 9 3 6 4 9 5 8 5 9 8 9 4 5 6 6 4 9 8 5 9 8 5 3 5 6 4 9 8 2 1 6 5

8 4 9 5 8 6 9 4 3 6 5 4 9 8 5 8 9 2 3 1 3 1 3 2 1 2 5 2 5 2 4 2 6 8 2 9 5 8 9 5

8 4 9 7 5 8 5 8 5 4 9 8 5 9 2 9 6 4 5 4 9 8 2 9 2 3 1 6 5 8 5 8 2 9 6 4 9 8 2 8

5 4 9 8 7 9 5 8 2 8 2 5 9 4 9 2 9 8 5 9 1 5 1 9 1 9 5 8 6 4 9 4 8 7 2 7 2 9 8 4

5 1 6 1 8 4 9 2 4 9 5 8 7 6 4 1 9 5 9 3 4 6 4 9 8 2 8 5 9 4 2 6 5 7 2 7 5 9 9 1

3 4 1 9 7 5 5 4 9 5 9 8 4 6 4 6 6 5 9 4 8 2 9 8 2 9 1 9 5 9 5 9 5 5 8 5 9 9 4 9

1 3 1 5 1 9 4 8 7 5 7 6 7 9 8 2 9 8 6 4 6 1 3 1 5 1 6 4 9 1 9 5 8 7 3 4 6 1 9 5

8 2 4 9 4 8 6 5 7 3 1 9 1 9 8 4 3 7 3 7 5 9 4 8 2 8 6 4 5 9 1 9 1 9 5 9 1 9 5 8

3 1 6 1 9 8 2 4 9 5 4 6 7 5 8 7 3 2 9 5 8 4 9 7 3 5 8 8 4 9 4 8 4 9 1 5 8 7 3 9

2 1 3 1 8 5 4 9 7 6 7 5 9 8 2 8 4 9 5 7 6 2 8 2 9 4 9 3 5 4 6 4 9 1 9 1 9 7 3 7

2 4 6 5 9 8 7 3 7 5 7 9 7 8 4 8 5 9 5 5 4 6 4 5 4 6 4 5 6 4 9 8 2 9 8 2 9 4 9 8

1 9 8 4 3 7 2 7 5 8 8 5 4 6 2 9 8 7 3 7 5 9 8 4 6 8 5 2 9 5 6 9 1 9 8 4 9 7 3 9

5 5 5 4 9 4 8 4 6 4 9 8 1 8 2 5 4 6 4 9 8 1 8 4 3 7 3 9 4 6 5 9 3 1 6 1 5 1 9 4

1 6 5 4 9 7 2 8 5 8 4 9 5 6 7 3 2 8 5 9 4 9 8 5 6 7 8 9 5 9 1 9 1 9 5 9 8 7 9 4

6 4 6 5 8 7 9 1 9 5 8 2 8 3 4 6 5 9 1 8 4 9 7 8 5 8 4 9 5 9 1 3 2 6 4 9 4 6 5 6

3 2 6 4 9 8 2 7 2 7 3 5 9 5 9 1 9 5 6 4 6 9 9 6 9 3 9 6 4 6 5 9 4 8 7 6 1 4 6 5

3 6 4 6 5 9 7 5 8 2 8 5 6 4 9 4 9 5 3 6 4 9 8 7 6 5 9 1 9 5 8 6 4 9 5 9 4 6 4 9

1 6 1 6 5 9 4 9 4 8 2 8 5 8 6 4 9 5 9 7 3 2 9 5 9 5 9 4 4 9 8 8 9 7 9 5 8 5 8 5

5 5 4 5 5 4 5 5 6 6 5 6 4 6 5 8 2 8 5 8 9 5 9 1 6 4 6 5 9 7 6 5 9 4 9 5 9 1 1 9

3 2 6 2 6 9 8 3 8 3 6 5 9 2 9 8 5 9 7 8 5 8 5 8 2 8 2 8 5 8 5 6 4 9 5 9 7 3 8 8

3 2 6 2 6 5 9 8 7 9 8 5 8 6 8 6 8 9 5 9 8 2 3 4 6 6 5 6 5 5 6 6 5 6 5 9 8 8 9 5

1 3 1 6 5 8 8 2 5 8 9 4 9 5 6 6 4 7 7 3 7 3 5 6 1 5 1 1 6 5 6 1 6 5 6 1 1 3 5 6

6 5 6 4 9 8 3 7 9 8 9 5 9 5 9 8 6 4 9 5 8 2 9 1 9 1 9 5 6 5 9 4 9 8 6 7 6 5 9 2

3 1 3 2 5 8 7 3 7 3 6 9 6 5 9 5 9 1 9 5 8 2 6 3 6 4 6 5 9 8 3 8 3 6 9 5 9 4 3 1

1 3 5 3 5 3 6 4 6 9 8 5 8 9 5 9 5 9 4 9 2 9 5 8 6 7 6 3 6 9 3 4 3 4 8 3 4 8 4 3

3 1 3 7 3 7 5 8 2 8 2 9 5 9 1 9 4 6 5 5 8 5 8 5 5 8 5 5 5 2 3 4 6 4 9 8 7 3 7 6

3 1 3 1 2 1 8 1 6 4 9 4 9 8 2 8 2 8 2 2 5 6 4 9 8 5 6 7 9 5 9 8 1 6 4 6 5 4 6 2

◎ 实用测试二

下面测试你对语言文字的专注程度。下面的文字节选自查尔斯·狄更斯的《双城记》(A Tale of Two Cities)，其中有许多故意输入的错误。专心阅读这些文字，找出里面的错误。你可以一行只读一次，但是没有时间限制，因此你可以根据自己的阅读情况选择自己感觉最舒服的速度。但是要记住：你读得越慢，阅读持续的时间就越长，那么你就越有可能走神。同样，这个测试题也是测试准确率的，而不要求速度。

"A suspennded interest and a prevalant absense of mind were perhaps observved by the spies who looked in as the wine-shop,, as they looked in at every place, high and low, from the kings palace to the criminal's gaol. Games ab cards languished, players at domiinoes musingly built towers witht hem, drinkers drew figures on teh tables with spilit drops of wine, Madame Defarge herself picked out the pattern on her sleeve with his toothpic, and saw an heard something inaudaible and invisible a long way of.. Thus, Saint Antoine in this vinous feature of his, until miday. It was high noontide, when too dusty men passed through his streets and under his swinging lamps: of whom, one was Monsieur Defarge: the other a mender of roads ina blue cap. all adust and athirst, the two enterered the wine-shop. There arrival had lighted a kind of fire in the brest of Saint Antoine, fast spreading as they came along, which stirrred and flickered in flames ob faces at most doors and windows. Yet, no one had followed them, and no man spoke when they entered the wine-shop, thought the eyes of every man there where turned upon them.

"*Good-day, gentlemen!* said Monsieur Defarge.

It may have been a signall for loosenning the general tongue,. It elicited an answering chorus of "*Good-day!*"

"*It is bad weather, gentlemen,*" said Defage, shaking his head.

Upon which, every man looked at his neighbour, and then all cast down their eyes and sat silentt. Except one man, who; got up and went out.

"*My wife,*" said Defarge alowd, addressing Madame Defarge; "*I have travelled certain leagues with this good mender of road, called Jacques. I met him – by accident – a day and a half's journey out of Paris. She is a good child, this mender of roads called Jacques. Give him to drink, my wife!*"

A second man got up and went out. Madame Defarge set wine before the mender of roads called Jackes, who doffed his blue cap to the company, and drank. In the breast of his blouse he carried some course dark bread;, he ate of this between whiles, and sat munching and drinking near Madme Defarge's counter, A third man got up and went out.

Defarge refreshed himself with a draught of wine – but, he took less than was given to the stranger, as being himself – a man to whom it was no raritie – and stood waiting until the countryman had Made his brekkfast. He looked at no one present, and no one now looked up at him; not even Madame, Defarge, who had taken up her knitting, and was at work.

"*Have you finished your repast, friend?*" he askied, in due season.

"*Yes, thank you.*"

"*Come, then! You shalll see the apartment that I told you you you could occupuy. It will suit you two a marvel.*" "

总共有 60 处错误。你全部找到了吗？你的得分是没有找到的错误处之数。与前面的测试一样，用 40 减去你的得分，然后翻到前面的得分评析看看你的专注程度属于哪一种情况。

实用测试　答案：308 对。

◎ 要做之事

无论你生来是不是天才，确实没有什么真正的方法可以让你成为天才。老实说，阅读这本书的时候，你也许就错过了公共汽车。每天你需要思考太多琐碎的事情，也许根本没有时间看这样的书。

但是，不要绝望。因为你可以做些事情，从而促使你更好地发挥自己已有的能力。本节的目的就是向你介绍如何榨出你最后一盎司的才能。

饮食

你所吃的东西会对你的大脑思维产生深远的影响。你可以做许多事情来提高你的表现。很明显，首先你要吃健康而且营养均衡的食品，包括大量的食物纤维、新鲜水果和蔬菜。莎士比亚也吃汉堡包吗？绝对不可能。说正经的，虽然经过反反复复的教育，大家都知道这些东西不利于健康，但是许多人仍然听不进去。你应该明白，如果你的小车不加保养，它就会出故障。你的身体要比小车复杂 100 万倍，而且能够做出非常惊人的壮举，那么为什么不爱惜它呢？如果你给车加错了油，就可能毁坏引擎。要不你试试，看看会发生什么！不要，当然你也不会，你毕竟不傻。但是，我肯定你会吃垃圾食品，而且以为没事，不是吗？好了，天才，不要吃汉堡包、油炸食品、披萨饼了！吃水果、蔬菜、谷类食物吧！

工作的时候还有一些具体的事情可以做。但刚吃完饭的时候不要工作，这个时候你的大脑和身体都处于一种懒散的状态。饭后休息一会儿，待食物消化一阵再回来工作。需要工作的时候不要饮酒。你也许觉得酒能够使你放松，而实际上它是一种抑制剂，会使你的思维变得缓慢，思路不清晰。而且，酒精会破坏血糖，这不仅会刺激你想吃零食，而且还会让你情绪低落。努力工作的时候，你真正需要的是保持一个较高的血糖水平。你可以适当地吃些糖块。吃些葡萄糖药片更好（运动员赛前吃的那种）：它非常容易吸收，而且顿时能够让你体力充沛，精神饱满。

像茶或咖啡一类的兴奋剂也能够帮助你保持精力充沛（人们不会无缘无故地就称它们为兴奋剂）。然而，咖啡因是一种毒品，它有一种副作用，某些人更容易受到影响。如果你发现咖啡因能够使你感到精神紧张，心跳加快（甚至出现心悸），或者让你难以入眠，那么就不要使用。

毒品

似乎艺术界的某些人与毒品之间长期以来有一种暧昧关系。甚至十九世纪的时候，许多作家就吸食鸦片，因为他们知道鸦片可以让他们进入一个清醒时无法进入的境界。这不仅仅是一种愚蠢的自我放纵。艺术工作的问题在于，最好的创意不会在你的支配下到来。你不可能坐下来，决定想出一首不朽的曲子或者写下什么至理名言，这不是你想做就能做到的。大脑中有一个区域可以产生这样的作品，但这个区域是思维过程中最不灵活、最固执、最难捉摸的部分。为了能够与大脑的这个区域取得某种联系，人们采取了各种各样的办法，但毒品是人们最喜欢的一种。

近几年，人们忸怩地称之为“滥用毒品”的历史大家都非常熟悉了，因此我在这里就不必多说了。以我们的看法，重要的是，许多非常富有创造力的人相信使用毒品可以帮助他们释放出创造的能量，而这是通过其他方式不可能实现的。问题是，毒品不仅是非法的，而且很危险。每当你能够说出一个从毒品中汲取灵感的音乐家，你就可以再想起 100 个因滥用毒品而停止不前的音乐人。

那么，获得灵感除了拿自己的身体冒险或违犯法律之外，有没有其他的方法？幸运的是，有。我们在入眠的边缘都曾经有这样的体验——灵感会突然地撞击到我们。这些灵感一点也不比通过吸食毒品而得来的差，而且是完全免费、合法的，不会影响你的身体健康。但问题是，它们是间断的、不可预见的。那么我们应该怎么办呢？

第一个补救办法很简单。你在床头放一个笔记本和一支笔。当你在夜晚醒来的时候，你必须立即写下能够记起的想法或梦境，无论它有没有意义。这是非常重要的。在半睡半醒状态从模糊区所回想起来的东西是来自你潜意识的信息，这些信息非常重要，即使你不能马上理解它们也不要紧。所以要认真回顾，记录每一条细节，看看是否有能够唤醒你模糊记忆的东西。而且白天也要带着这个笔记本，记录任何似乎有用的游离的思想或一闪即过的顿悟。很奇怪，这些金光灿灿的灵感不知怎么地就在你忙碌的时候迸发出来了。如果你不立即将它们抓住，它们有可能很快就被你忘记。

你也可以试试西班牙超现实主义画家萨尔瓦多·达利所喜欢的方法。他舒服地躺在躺椅里打盹的时候，会在身边放一只金属碗，手里握一把金属调羹，就在碗的正上方垂着。就在他快要进入梦乡的时候，他会丢下调羹，正好击中碗的响声会把他唤醒。他发现这是接近那种半睡半醒状态的一个非常有效的方法，在这个时候经常会获得一些最具想象力的灵感。

知识测试

◎艺　　术

1. 1919 年在魏玛由建筑师沃尔特·格罗佩斯（Walter Gropius）创建的著名的艺术和设计学派是什么?

2. 他是雷诺兹（Reynolds）的一个对手，以其社会肖像画而为自己赢得声誉和大众的喜爱，同时又对风景画有很高的热情。这位画家是谁?

3. 原名为查尔-爱杜阿·让奈瑞（Charles-Edouard Jeanneret）的一个著名建筑师是谁?

4. 哪位法国画家不仅以其伟大的浪漫作品而闻名，而且还以其大量的日记而闻名?

5. 20 世纪早期毕加索和布拉克倡导的一场艺术运动是什么?

6. 在从事大型精确的雕塑作品之前，用黏土或蜡做成的三维草图叫什么名称?

7. 他是一位奥地利表现主义画家，绘画风格受到克里木特（Klimt）的影响，以其肖像画而著名，1918 年由于患流感而英年早逝。他是谁?

8. 20 世纪 60 年代掀起的一场抽象艺术运动，与创作和探索视觉幻象有关。这个运动的名称是什么?

9. 他是一位著名的印象主义画家，以对芭蕾舞和马的绘画研究而著称。他是谁?

10. 它是一种建筑风格，以 16 世纪一位意大利建筑师的名字命名，18 世纪在英国非常盛行。这种建筑风格的名称是什么?

11. 他是 19 世纪英国的风景画画家，曾纯粹用水彩勾勒自然，后来转画油画，丰富的游历激发了他自由、抽象、充满活力的创作。他是谁?

12. 将画像画在一幅标准为 36 × 28（cm）的画布上，只显示头部和一只手。这种绘画的名称叫什么?

13. 他是位命运多舛的画家，在巴黎学习绘画，把平版印刷术应用到自己的作品中，描绘剧院、音乐厅、咖啡馆的场景。他是谁?

14. 用防蚀蜡在织品上印染图案的方法叫什么?

15. 有一群年轻的画家于 1905 年在巴黎首次展出有强烈色彩对比、狂热大胆的作品。这群画家被评论家们起了一个法语名字。这个法语名称是什么?

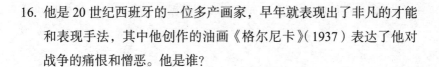

16. 他是 20 世纪西班牙的一位多产画家，早年就表现出了非凡的才能和表现手法，其中他创作的油画《格尔尼卡》(1937）表达了他对战争的痛恨和憎恶。他是谁？

17. 它是一种建筑，利用本地材料，符合本地需要，风格通常是传统的，原创者不祥。这种建筑叫什么名字？

18. 设计了悉尼歌剧院，并为自己赢得了国际声誉的丹麦建筑师是谁？

19. 它是 1924 年由安德烈 · 布列顿（Andre Breton）所创立的艺术解放运动，它试图表达潜意识的活动，以怪诞的意象和主题的不协调并存为特征。这是什么运动？

20. 他们是 19 世纪一批反叛的意大利著名画家，他们的画都是用对比鲜明的色斑色块构成的，画派也因此得名。他们的这个画派被称为什么？

21. 公元 5 世纪到 1453 年君士坦丁堡没落期间，东罗马帝国的艺术被称作什么？

22. 他是捷克斯洛伐克的一位画家和设计师，以其独特的“新艺术”设计而著名，尤其是以他为法国女演员沙拉 · 贝纳尔（Sarah Bernhardt）的设计而著称。他是谁？

23. 他是一位法国画家，曾经与毕沙罗（Pisarro）一道工作，他毕生致力于风景画的创作，成名很晚。他是谁？

24. 运用光线的明暗对比和色彩的变化来塑造物体形状的绘画技法是什么?

25. 他是一位意大利画家，接受过韦罗基奥（Verrocchio）的熏陶，其开拓者的才能使他在自然科学、解剖学、工程学、建筑学方面都有所建树。他是谁?

26. 哪一种家具和装饰风格与乔治四世（George IV）和19世纪早期的英国有关?

27. 他是一位西班牙建筑师和设计师，其作品突破传统、充满虚幻，非常具有创新性，其设计的代表作有位于巴塞罗那的Sagrada Familia教堂（圣家堂）。他是谁?

28. 19世纪激发欧洲艺术家和作家探索日常生活中坚韧的真实性的艺术潮流是什么?

29. 他是美国流行艺术（波普艺术）运动的领导者之一，以描绘坎贝尔（Campbell）的汤罐与布瑞罗（Brillo）洗衣粉盒而出名。他是谁?

30. 它是17和18世纪欧洲的一种艺术和建筑风格，现在用它描述体裁主义（Mannerist）与洛可可风格（Rococo）之间盛行的一种风格。它是什么?

答案

1. 包豪斯(Bauhaus) 2. 根兹巴洛(Thomas Gainsborough) 3. 勒·科比西埃(Le Corbusier) 4. 欧仁·德拉克洛瓦(Eugene Delacroix) 5. 立体主义(Cubism) 6. 泥制或蜡制模型(Maquette or Bozzetto) 7. 埃贡·席勒(Egon Schiele) 8. 欧普艺术(Op Art 或 Optical Art) 9. 埃德加·德加(Edgar Degas) 10. 帕拉第奥主义(Palladianism) 11. 约瑟夫·马洛德·威廉·特纳(Joseph Mallord William Turner) 12. 半身画像(Kit-cat) 13. 亨利·德·图卢兹-洛特雷克(Henri de Toulouse-Lautrec) 14. 蜡染印花法(Batik) 15. 野兽派(Fauves) 16. 帕布罗·毕加索(Pablo Picasso) 17. 乡土建筑(Vernacular) 18. 约翰·乌特松(Jorn Utzan) 19. 超现实主义(Surrealism) 20. 马基亚伊奥利画派或色块画派(Macchiaioli) 21. 拜占庭(Byzantine) 22. 阿方斯·慕夏(Alphonse Mucha) 23. 保罗·塞尚(Paul Cezanne) 24. 明暗对照法(Chiaroscuro) 25. 达·芬奇(Leonardo da Vinci) 26. 乔治风格或摄政式(Regency) 27. 安东尼·高迪(Antoni Gaudi) 28. 自然主义(Naturalism) 29. 安迪·沃赫尔(Andy Warhol) 30. 巴洛克风格(Baroque)

◎文　学

是否拥有文学知识也许不能证明你是否是天才。但是，我们希望天才能够了解其竞争对手。本测试有很大难度，但是如果你想在文学创作方面有所建树，那么务必做好这个测试。如果你想成为科学天才，那么不懂得这些知识是可以原谅的。

1. 他是一位诗人，人称“金童”（Golden Boy），他 18 岁时因为穷困潦倒而自杀，然而他的这种举动造就了一幅名画的诞生。他是谁？

2. “仅仅单纯的调情，不算是通奸，只是不道德（Merely innocent flirtation, not quite adultery but adulteration）。”这句话是谁写的？

3. “暗杀是隐瞒不住的，我们天天都可以听得到。（Mordre wol out; that se we day by day）”这句话是谁写的？

4. 莎士比亚戏剧中的哪一位国王说过：“我过去浪费了时间，时间现在浪费我”（I wasted time and now doth time waste me）？

5. 谁写了一部巨著，分为好几个部分，书名为《追忆似水年华》（In Search of Lost Time）？

6. 马文·匹克（Mervyn Peake）虚构的一个城堡是什么？

7. 哪一部书中描写了一座荒岛、流落于荒岛上的唱诗班男孩、一个挂在树桩上的猪头？

8. 哪一部英文小说中的革命发生在巴黎和伦敦？

9. 谁在小说中写了一个名为“绝望潭”（Despond）的泥坑？

10. 哪两位兄弟因为出现在俄国小说家陀思妥耶夫斯基（Dostoevsky）的小说中而永垂于世？

11. “英格兰不是一个糟糕的国家……它只是一个卑鄙、冷漠、丑陋、分裂、疲惫、破旧、后帝国、后工业、汉堡包塑料盒子覆盖着的矿渣堆。（England's not a bad country... It's just a mean, cold, ugly, divided, tired, clapped-out, post-imperial, post-industrial, slag-heap covered in polystyrene hamburger cartons.）”这句话是谁写的？

12. 谁编纂了第一部英文词典？

13. 亚瑟王传说向大众的普及主要是哪位作家的功劳？

14.《魔山》（The Magic Mountain）的作者是谁？

15. 毛姆（Maugham）在哪一部书中写道：“人们让你提出批评意见，但他们想要的是表扬。（People ask you for criticism, but they only want praise.）”？

16. “原来是地狱的蛇，是他由于嫉妒和仇恨，激起他的奸智，欺骗了人类的母亲。（The infernal serpent; he it was, whose guile stirred up with envy and revenge, deceived the mother of mankind.）”这句话出自谁的哪一部史诗？

17.《群愚史诗》(The Dunciad) 的作者是谁?

18. 丁尼生 (Tennyson) 曾经用一位皇室人物的名字写过一首诗。这首诗是什么?

19. 谁写过这样的诗句, "玫瑰是玫瑰是玫瑰是玫瑰" (Rose is a rose is a rose is a rose, is a rose.) ?

20. 哪个作家的哪部戏剧中哪个人物说了下面的话, "沃信先生, 失去父母中的一个也许被认为是不幸; 失去双亲似乎是粗心。(To lose one parent, Mr Worthing, may be regarded as a misfortune, to lose both looks like carelessness.) " ?

21. 抒情诗《人终究不免一死的暗示》(Intimations of Mortality) 的作者是谁?

22. 原名为塞缪尔 · 兰霍恩 · 克莱门斯 (Samuel Langhorne Clemens) 的著名美国小说家的笔名是什么?

23. 菲利普 · 罗斯 (Philip Roth) 的哪一部小说中刻画了一块臭名昭著的肝脏?

24. 根据马克 · 吐温的说法, 过分熟悉易产生侮蔑 (Familiarity breed contempt), 还产生什么?

25. 哪一本书中说过, "所有的动物都是平等的, 但是有些动物比其他动物更加平等。(Some animals are equal but some animals are more equal than others.") ?

26. 在哪一部描写未来的小说中你可以发现伯纳德 · 马克思（Bernard Marx）和一个美国印第安人？

27.《解放了的普罗米修斯》（Prometheus Unbound）是谁的作品？

28. “没有比在痛苦中 / 回想起以往的幸福时刻 / 更为痛苦了。（There is no greater pain than to remember a happy time when one is in misery.）” 这是谁写的？

29. 哪一部小说的开头一句话是“昨晚，我梦见自己又回到了曼陀丽庄园。（Last night I dreamt I went to Manderley again.）”？

30. 哪位女作家的系列小说都是关于古希腊的？

答案

1. 查特顿（Chatterton） 2. 拜伦（Byron《唐璜》） 3. 乔叟（Chaucer） 4. 理查德二世（Richard II） 5. 普鲁斯特（Proust） 6. 仇云盖堡（Gormenghast） 7.《蝇王》（Lord of the Flies） 8. 狄更斯的《双城记》 9. 约翰·班扬（John Bunyan）（The Pilgrim's Progress《天路历程》） 10. 卡拉马佐夫兄弟（The Brothers Karamazov） 11. 玛格丽特·德拉布尔（Margaret Drabble） 12. 塞缪尔·约翰逊博士（Dr Samuel Johnson） 13. 托马斯·马洛礼爵士（Sir Thomas Malory） 14. 托马斯·曼（Thomas Mann） 15.《人性的枷锁》（Of Human Bondage） 16. 约翰·米尔顿《失乐园》（John Milton, Paradise Lost） 17. 亚历山大·蒲柏（Alexander Pope） 18.《公主》（The Princess） 19. 格特鲁德·斯泰因（Gertrude Stein） 20. 奥斯卡·王尔德的《不可儿戏》中的布拉克内尔女士（Oscar Wilde The Importance of Being Earnest Lady Bracknell） 21. 华兹华斯（Wordsworth） 22. 马克·吐温（Mark Twain） 23.《波特诺伊的抱怨》（Portnoy's Complaint） 24. 孩子 25. 乔治·奥威尔的《动物庄园》（George Orwell Animal Farm） 26.《美丽新世界》（Brave New World） 27. P. B. 雪莱（P. B. Shelley） 28. 但丁（Dante） 29. 达夫妮·杜穆里埃的《蝴蝶梦》（Daphne Du Maurier, Rebecca） 30. 玛莉·雷诺特（Mary Renault）

得分与评析

本测试最高分为 30 分。

艺术 / 文学

- **25—30 分**

  优秀。至少你听上去像是一个天才了！

- **20—24 分**

  你的艺术 / 文学知识很丰富。

- **15—19 分**

  不错，但不是很好。

- **10—14 分**

  一般。

- **10 分以下**

  你不怎么懂得文学或艺术。

◎音　乐

你可能不太了解音乐，但是为了做一个全面发展的人，你至少应该对人类文明的伟大杰作有一个大概的了解。尝试下面的测试题，看看你了解多少。

1. 歌剧《鲁克来提亚的凌辱》（The Rape of Lucretia）的作者是谁？

2. 布鲁克纳（Bruckner）的第四交响乐叫什么名字？

3. 巴赫（Bach）的哪一首曲子运用了对位法？

4. 弗兰克（Franck）的哪一首交响诗描述了一位伯爵由于在安息日外出打猎而没完没了地被一个魔鬼追逐？

5.《格里高利弥撒》（Glagolitic Mass）的作者是谁？

6. 马勒（Mahler）的《第五交响曲》第四乐章 Adagietto 在哪部电影中出现过？

7.《无人睡眠》（Nessun Dorma）这首歌曲源于普契尼（Puccini）的哪一部歌剧？

8. 柴可夫斯基（Tchaikovsky）《第七交响曲》又被称为什么？

9.《魔笛》（The Magic Flute）中的男主人公捕鸟人叫什么名字？

10. 海顿（Haydn）的哪首交响曲被称为“告别交响曲”（Farewell symphony）？

11.《绅士幻想曲》（Fantasia para un gentilhombre）的作者是谁？

12. 在威尔第（Verdi）的哪一部歌剧中出现了曼里柯（Manrico）这个人物？

13.《唐璜》（Don Giovanni）的歌剧剧本是谁写的？

14. 柴可夫斯基的歌剧《尤金·奥尼金》（Eugene Onegin）中的女主人公叫什么名字？

15. 贝多芬《第八交响乐》不寻常之处是什么？

16. 莫扎特的 K385 交响乐又以什么名字而著称？

17. 西贝柳斯（Sibelius）共创作了多少首交响乐？

18. 斯梅塔那（Smetana）的《我的祖国》中的哪一部分描写了流经布拉格的一条河流？

19. 歌剧《纳克索斯岛的阿里阿德涅》（Ariadne auf Naxos）的作者是谁？

20. 威尔第的哪一部歌剧主要塑造了一个埃塞俄比亚奴隶女孩？

21. 贝多芬《费德里奥》(Fidelio) 中的狱长叫什么名字?

22. 斯特拉文斯基 (Stravinsky) 的哪一部芭蕾舞曲开创了他新古典时期的创作?

23. 舒曼的第一交响乐名称是什么?

24. 联篇歌曲《美丽的磨坊少女》(Die Schone Mallerin) 的创作者是谁?

25. 瓦格纳 (Wagner) 的哪一部歌剧中有一个人物叫汉斯·萨克斯 (Hans Sachs) ?

26. 哪部管弦乐组曲包含阿尼特拉之舞 (Anitra's Dance) ?

27. 交响诗《日中女巫》(The Noonday Witch) 的作者是谁?

28. 哪位作曲家为莫索尔斯基的钢琴套曲《展览会上的画》创作了最成功的管弦乐曲?

29. 鞑靼舞曲 (Dance of Polovtsian Maidens) 源于哪一部歌剧?

30. 瓦格纳的《尼伯龙根的指环》(Der Ring des Nibelungen) 最后一个乐章是什么?

答案

1. 本杰明·布里顿　2.《浪漫》(The Romantic)　3.《赋格的艺术》(The Art of Fugue)　4.《诅咒的追逐》(Le Chasseur Maudit)　5. 列奥日·雅那切克(Leos Janacek)　6.《魂断威尼斯》(Death in Venice)　7.《图兰朵》(Turandot)　8.《曼弗雷德交响曲》(Manfred)　9. 帕帕基诺(Papageno)　10.《第四十五交响乐》(No. 45)　11. 华金·罗德里戈(Joaquin Rodrigo)　12.(II Trovatore)　13. 洛伦佐·达·彭特(Lorenzo de Ponte)　14. 塔姬雅娜(Tatyana)　15. 其中不包含缓慢的乐章　16. 哈夫纳交响乐(Haffner)　17. 7首　18.《伏尔塔瓦河》(Vltava)　19. 理查·施特劳斯(Richard Straus)　20.《阿伊达》(Aida)　21. 皮萨罗(Pizarro)　22.《普尔钦奈拉》(Pulcinella)　23. 春天(Spring)　24. 弗朗兹·舒伯特(Franz Schubert)　25.《纽伦堡的歌手》(Die Meistersinger von Nurnberg)　26. 葛利格的第一号《皮尔金组曲》(Peer Gynt Suite)　27. 安东宁·德沃夏克(Antonin Dvorak)　28. 莫里斯·拉威尔(Maurice Ravel)　29. 亚历山大·伯罗丁(Alexander Borodin)的《伊戈尔王子》(Prince Igor)　30.《众神的黄昏》(Gotterdammerung)

得分与评析

本测试最高分为 30 分。

- **25—30 分**

优秀。虽然你可能没有创作出自己的天才作品，但是至少你对天才的作品有很好的了解。

- **20—24 分**

很好。本测试并不容易，你已经表现得很好了。

- **15—19 分**

音乐不是你所偏爱的领域，但是你的总体知识还算过得去。

- **10—14 分**

你也许需要一点点的学习。你的音乐知识确实很肤浅，不过你可以提高它。

- **10 分以下**

音乐不适合你。尝试其他领域。

◎哲　学

哲学一直就与天才的才智靠得很近。哲学解决的问题是万物存在的奥秘，以及生命的意义。如果你有做天才的抱负，你应该在阅读哲学家伟大作品的时候感到很舒服。

1. 哪位希腊哲学家曾经是马其顿国王亚历山大大帝的老师？

2. 他是法国布列塔尼的哲学家，《认识你自己》(Know Thyself）的作者，由于其悲惨的恋爱和最后遭到阉割而被后人所记住。他是谁？

3. 研究知识的本质、先决条件和基础及其程度和效力的哲学分支叫什么？

4. 对自然存在的研究叫什么？

5. “我思故我在”是谁说的？

6. 研究道德本质的哲学分支叫什么？

7.《纯粹理性批判》是谁写的？

8.《理想国》是苏格拉底的哪位学生写的？

9. 认为只有令人快乐的东西，才是在本质上好的伦理信条，被称为什么？

10. 克尔恺郭尔、萨特、海德格尔是什么哲学派别的代表？

11. 本义为“对话、讨论或辩论的艺术”的哲学术语叫什么？

12. 哪位美国语言学家于1968年写了《语言与心智》一书？

13. 第欧根尼（Diogenes）是什么哲学派别的奠基人？

14. 运用根据实际经验而不是根据普遍接受的理论体系的方法去分析和解决问题被称为什么？

15. 哪位苏格兰人于1737年写了《人性论》一书？

16. 谁被认为是中国古代最伟大的哲学家、政治家和教育家？

17. 17世纪晚期和18世纪早期，哪位德国哲学家发明了微分演算法和积分演算法，使他成为英国皇家学会的会员？

18. 他是位出生于萨默塞特的哲学家，著有《人类理智论》。他是谁？

19. 他出生于阿姆斯特丹，父母为犹太人，会讲西班牙语、葡萄牙语和希伯来语，但就是不擅长说荷兰语。这位哲学家是谁？

20. 西希昂的芝诺是什么哲学派别的创始人？

21. 胡塞尔发起了哪一个哲学运动？

22. 研究推理规律的科学被称为什么？

23. 他是一位英国哲学家，约翰·斯图尔特·米尔的教子，积极参与裁减核武器运动。他是谁？

24. 哪一哲学派别是从维也纳学派（Vienna Circle）中分离出来的？

25. 哪一哲学派别认为“人为万物的尺度（Man is the Measure of All Things）”？

26. 哪位西班牙裔的犹太哲学家写了《迷途指津》一书？

27. 哪位英国数学家由于建立了一种符号逻辑的演算法，他的名字被用于指代数学的一个分支？

28. 谁写了《共产党宣言》？

29. 哪位法国哲学家是“解构主义”的代表人物？

30. 哪一个哲学派别认为物质世界是意识、精神的产物？

答案

1. 亚里士多德 2. 彼得·阿伯拉尔 3. 认识论 4. 本体论 5. 笛卡尔 6. 伦理学 7. 康德 8. 柏拉图 9. 快乐论 10. 存在主义 11. 辩证法 12. 乔姆斯基 13. 犬儒学派 14. 经验论 15. 休谟 16. 孔子 17. 莱布尼兹 18. 洛克 19. 斯宾诺莎 20. 斯多葛派哲学 21. 现象学运动 22. 逻辑学 23. 罗素 24. 逻辑实证主义 25. 相对主义 26. 迈蒙尼德 27. 布尔 28. 马克思 29. 德里达 30. 唯心主义

得分与评析

本测试最高分为 30 分。

- **25—30 分**

聪明！你的哲学知识是一流的，开始创立自己天才的事业吧！

- **20—24 分**

很好。你对哲学知识了解得很多，熟悉大多数重要的哲学概念。

- **15—19 分**

不错。但是你需要更多的学习。

- **10—14 分**

你的哲学知识确实不达标。考虑去上夜校吧。

- **10 分以下**

你认为“伦理学”是距离伦敦很近的一个地方？

◎科　学

今天，任何想成为天才的人都必须具备一些科学知识。你不能再认为“我是一个艺术家，不知道那东西也没关系”。尝试下面的测试题，看看你对科学知识了解多少。

1. DNA 代表什么？

2. 人体内唯一没有细胞核的细胞是什么？

3. LASER 代表什么？

4. 裂变是什么？

5. 根据相对论，摆动的时钟会怎样？

6. 什么是“混沌系统（chaotic system）”？

7. 按照强度顺序，“四种力”分别是什么？

8. “GUT”和“TOE”代表什么？

9. 在剧烈运动时，什么物质会使得肌肉疼痛？

10. 与光合作用相逆的是什么？

11. 如果你生活在美国，当地发电厂的发电机的转速是多少？

12. 由铁制造的天然磁体又叫什么？

13. 根据相对论，当光接近太阳时将出现什么现象？

14. 原子的大部分质量和极少部分体积存在于它的什么地方？

15. “人类最古老的祖先”——更新纪灵长动物被称为什么？

16. 一位波兰女士，核科学的创始人之一，她的名字是什么？

17. 碳水化合物的基本构成是什么？

18. “细胞”一词最初由英国的哪个物理学家应用在生物学意义上？

19. 人与人之间相同的 DNA 有多少？

20. 安东 · 范 · 列文虎克（Aantoine van Leeuwenhoek）首先发现的生物材料是什么？

21. 什么温度通常被作为绝对零度？

22. 在实验室里，人类所能获得的与绝对零度最小的温度差是？

23. 多少年以前恐龙开始灭绝？

24. 六指基因是显性基因，五指基因是隐性基因。对还是错？

25. 基因是什么的基本单位？

26. 衣原体细菌和立克次氏体细菌的特别之处在于什么？

27. 如果人被打死或者被过分惊吓而死，那么，尸体会更快地变成僵尸。对还是错？

28. 氦气来自于地球上的大气吗？

29. 当电荷加速时会出现什么现象？

30. 人的身体可以察觉而肉眼却看不到的是什么？

答案

1. 脱氧核糖核酸(deoxyribonucleic acid) 2. 红血球 3. 激光(Light Amplification by Stimulated Emission of Radiation) 4. 大的原子核分裂成两个或多个较小的子核的过程。 5. 会慢下来 6. 输出结果对初始条件非常敏感的系统。 7. 强作用力、电磁力、弱作用力、重力 8. 大统一理论和万有理论 9. 乳酸 10. 分解作用 11. 每秒60次(美国电流是60赫兹) 12. 铁磁体 13. 光会变弯曲 14. 原子核 15. 露西(Lucy) 16. 玛丽·居里 17. 糖 18. 罗伯特·胡克(Robert Hooke) 19. 99.8% 20. 人类精液 21. 摄氏零下273.17度 22. 不大于10亿分之一度 23. 6500万年以前 24. 对 25. 遗传 26. 它们是最小的生命体 27. 对 28. 不是，它是经由石油和天然气中提取出来而被发现的。 29. 产生电磁波 30 红外线辐射

得分与评析

本测试最高分为 30 分。

● **25—30 分**

你的现代科学知识很丰富。很明显，你确实对科学这一领域非常了解，你可以在这一领域将自己的能力发挥到极致。

● **20—24 分**

你对现代科学知识了解得很多，但仍然需要学习。很明显，这是你非常感兴趣的一个领域，在这一领域你可以充分发挥自己的聪明才智。

● **15—19 分**

你的现代科学知识一般。把它作为其他领域内活动的背景知识应该很有用，但是你不适合将自然科学作为自己的主要职业。

● **10—14 分**

自然科学确实不太适合你。试试其他测试，一定有你感觉更适合的领域。

● **10 分以下**

只有在最强大的显微镜的帮助下才能发现你的科学知识。

个性测试

◎果　　断

一个害羞或腼腆的人似乎是不可能成为人们公认的天才的。大多数天才在关键的时候总是非常善于表现自己。现在，用下面的测试题评估你有多果断。

1. 如果有人插队，插在你前面，你会：

    a）大声斥责他，直到他放弃。

    b）说："嗯，对不起，请排在后面。"

    c）默默忍受。

2. 如果你在一家商店里受到很差的服务，你会：

    a）回家后给这家公司的 CEO 写信，向他抱怨自己的全部遭遇。

    b）与售货员吵架。

    c）向自己的伙伴痛苦地倾诉，但是不投诉商店的员工。

3. 你取回要修补的东西，但是，回到家后你发现漏洞并没有补上。你会：

    a）给修理铺打电话，说明问题。

    b）自己补。

    c）咆哮着冲到修理铺，要求见经理。

4. 在书店里浏览图书的时候，你发现某个人写的书抄袭了你的作品。你会：

a）不去管它，也许只是巧合。

b）向律师咨询。

c）与作者联系，让他 / 她给出解释。

5. 在一个拥挤的商场，你设法想引起售货员的注意，但是没有人理你。你会：

a）恼羞成怒，气冲冲地离开。

b）耐心等待，直到有人为你服务。

c）小题大做，直到有人注意你。

6. 你去参加工作面试。你会：

a）自信地说明你为什么是最佳人选。

b）描述自己的资历，希望自己是最佳人选。

c）看看候客厅里的其他选手，希望你没有打搅他们。

7. 你的孩子回到家里抱怨说挨老师骂了。你会：

a）告诉她 / 他不要在意，一切都会过去的。

b）要求与老师见面，澄清事实。

c）告诉孩子她 / 他必须自己承受。

8. 你的邻居经常在晚上放很吵闹的音乐。你会：

a）报警。

b）去向他们抱怨。

c）改善自己家的隔音条件。

9. 由于没有得到领导的重视，所以你没有得到晋升。你会：
   a）辞职。
   b）向领导抱怨，说你应该得到提升。
   c）努力工作，争取下一次做得更好。

10. 你需要加薪。你会：
   a）直接找领导，要求加薪。
   b）多做些工作，希望得到领导的赏识。
   c）生活上节俭些。

11. 你感觉领导不欣赏你对公司的贡献。你会：
   a）向同事抱怨，希望领导能够听到。
   b）要求职工评议。
   c）查看招聘广告，准备跳槽。

12. 在一次公开会议上，你发现自己与发言人的意见完全相左。你会：
   a）离开会场。
   b）向坐在你身旁的朋友小声嘀咕自己的反对意见。
   c）站起来，问一些尖刻的问题。

13. 你持反对态度的一个宗教派别的一些成员来到你家。你会：
   a）让他们走。
   b）邀请他们进屋，详细地说出你的反对意见。
   c）捐一些钱，摆脱他们。

14. 有人在挨家挨户地募集善款。你已经支持了许多次慈善活动，没有能力再捐助了。你会：

a）说很抱歉，你现在没有零钱。

b）诚实地说明你已经捐得很多了。

c）不理会门铃的响声，让他们认为你不在家。

15. 一个朋友征求你对她 / 他刚买的衣服的看法。你会：

a）老实地告诉她 / 他衣服不好看。

b）岔开话题。

c）明褒实贬，希望她 / 他能够领会你的看法。

16. 一位政治候选人来到你家，为即将到来的大选拉选票。你会：

a）坦率地告诉他你不会投他的票。

b）说你会投他的票（你对其他候选人也是这么说的）。

c）和他讨论一些问题，说你以后再做决定。

17. 朋友们邀请你加入他们的一个剧目，但你怀疑这个剧目会很无聊。你会：

a）去，尽力对它产生兴趣。

b）表明这个剧目将会很无聊，建议做些其他事情。

c）在最后一刻打电话，说你病了。

18. 一个你觉得很有吸引力的人讲了一些你所不能苟同的话。你会：

a）什么也不说。你不想破坏与他 / 她接触的机会。

b）坚决主张自己的观点，希望诚实能够为你赢得品行积分。

c）适度地抗议，但是在真正发生争论之前放弃。

19. 清晰地陈述自己的观点比迎合大众的口味重要吗?

a）是。

b）不。

c）不确定。

20. 对于一个你有强烈感受的话题，为了息事宁人你是否会保持沉默?

a）很可能会。

b）一定不会。

c）也许会。

21. 你的岳母周末来到你家，开始挑剔你家的一切。你会:

a）告诉她，如果她不喜欢，可以回她自己家去。

b）不理会她。星期一就会好的。

c）心平气和地说你们的生活方式非常适合你们。

22. 在一场体育比赛中，你发现自己处于一群竞争对手的支持者中间。你会:

a）保持安静，把穿戴有自己队标志的东西藏起来。

b）大声为自己的队助威。

c）与竞争对手的支持者们开玩笑，说自己是他们中的一员。

23. 酒吧里一个醉汉正在发表一些令人厌恶的种族歧视言论。你会:

a）在麻烦到来之前赶快离开。

b）试图就这个问题与他争辩。

c）大声地告诉他，说他是偏执狂。

24. 你看见一个警察非法停车，准备去干洗店取衣服。你会：

a）上前控诉他。

b）不理会，你不想惹麻烦。

c）给他的上司写信，正式投诉他。

25. 在一次学校家长会上，你强烈地感到自己应该发表一个不受欢迎的看法。你会：

a）说出你的感受，不管它会得罪谁。

b）保持沉默，因为你还得与这些人相处。

c）会后给组委会写信，陈述你的看法。

得分

	1	2	3		1	2	3		1	2	3
1.	c	b	a	10.	c	b	a	19.	b	c	a
2.	c	b	a	11.	c	a	b	20.	a	c	b
3.	b	a	c	12.	a	b	c	21.	b	c	a
4.	a	b	c	13.	c	a	b	22.	a	c	b
5.	a	b	c	14.	c	a	b	23.	a	b	c
6.	c	b	a	15.	b	c	a	24.	b	c	a
7.	a	c	b	16.	b	c	a	25.	b	c	a
8.	c	a	b	17.	c	a	b				
9.	a	c	b	18.	a	c	b				

得分与评析

本测试最高分为 75 分。

● **70—75 分**

你非常果断，让他人注意你的讲话，不存在任何困难。这不会使你成为天才；但是，如果让他人注意到你，至少你不会被冷落。你的直率很可能会得罪一些人；但是，如果你想加入天才的行列，你不能为这样的事情担忧，或者改变自己的想法。你当然是不会的。

● **65—74 分**

你很果断，表达自己思想的时候通常不会遇到麻烦。然而，要想被接纳为天才，你可能需要付出更大的努力。进入天才的行列不是件容易的事，你需要集聚自己所有的信心，果断行事。

● **45—64 分**

你太拘泥了。要不凶悍起来，要不就忘掉做天才的梦想吧。没有人会拿你当回事。

● **44 分以下**

你在开玩笑吗?

◎傲　慢

让你傲慢可能会有一点点困难。问题是，要成为天才，你可能需要傲慢，非常傲慢。很难想象一个谦卑的人会进入野心勃勃的天才世界。我们已经测试过果断的个性了，没有人会真正介意他人评判自己个性的果断，这一点是没有问题的。即使是说你“专横”也不算太糟糕，但是如果说你傲慢呢？还是让我们看看下面的测试吧，看看你有多傲慢。

1. “不喜欢你就忍着！”你会说这样的话吗？

   a）不会。这太没礼貌了。

   b）为什么不说呢？你得让他们摆正自己的位置。

   c）如果确实被激怒的话，我可能会说。

2. “爬得越高，摔得就越狠。”你也这么认为吗？

   a）是的。重重地摔他一下，让他再也爬不起来。

   b）嗯，通常的情况是，“他们爬得越高，我就摔得越惨”。

   c）是的。至少在理论上是正确的。

3. “你可以有不同的意见，但是只要你按照我说的做就行了。”你同意这种说法吗？

   a）有时强迫也是有必要的。

   b）这太傲慢了。

   c）是的。你得让他们明白自己站的位置，最好是跪着。

4. “我总是喜欢听取其他人的观点。”这是你认可的策略吗？

   a）为什么要听取他人的观点呢？

b）是的，如果我有时间，我会听取其他人的看法。

c）当然，我始终这样做。

5.“达成双方都满意的一致意见要比强迫他人承认失败好得多。”你对这句话什么反应？

a）当然，事情原本应该这样。

b）如果这样能行的话，当然好。否则你就必须强迫。

c）不，你要捶胸顿足，大声喊叫，直到对方同意自己的方法。

6.“我将做一名出色的外交官。”你呢？

a）不，我要发动第三次世界大战。

b）是的，我要做一名出色的外交官，我非常擅长外交。

c）我十分有交际手腕。

7. 你感觉是否有必要咨询他人，听取他人的意见呢？

a）这样做经常很有价值。

b）我为什么要这样做呢？他们懂什么？

c）有时很有用。

8. 公然自傲、厚颜无耻能够使你的人生道路更广阔。你赞成这样的说法吗？

a）我同意，常常是这样的。

b）我不知道，我从来没有尝试过。

c）这不是我经常使用的策略，但是偶尔使用一下也管用。

9.“人们都听我的，因为我始终是正确的。”你赞成吗？

a）不，我根本不喜欢那样。

b）不，我有时正确，但我不敢说自己是常胜将军。

c）如果你愿意，就说我傲慢吧，但是我就是这么认为的。

10. “我认为一定程度的谦虚对于个性的全面发展是很必要的。”你怎么看？

a）谁想“全面”发展了？只要你有资本，那就炫耀吧！

b）我认为谦虚非常重要。

c）谦虚可以，但你能够做得比谦虚更好。

11. “开车的时候，我希望其他人都给我让路。”你同意这种说法吗？

a）我会与其他道路使用者保持平等。

b）我的时间很重要，难道不可以吗？我不需要因为他人而慢下来。

c）有时我很匆忙，需要插队，但是我设法不这样做。

12. “如果人们顺从我，我会感到很尴尬。”你是否听着这句话耳熟？

a）如果他们不顺从我，我会很愤怒。

b）是的，我就是这样的人。

c）我有同样的感受，但是我设法不使自己太谦卑。

13. “我期望人们都赞赏我的成就。”你是这样的吗？

a）不，完全不是。

b）如果人们能够承认我的价值，当然很好。

c）如果他们不赞赏的话，他们会后悔的。

14. “我不是一个平凡的人。”你会这样说吗？

a）虽然我确实认为自己能力非凡，但是我不会那样说。

b）天哪！不。

c）当然是了。不是我，还能有谁吗？

15. “除了我的天才外还有什么好申报的。（I have nothing to declare except my genius.）”你同意奥斯卡·王尔德的话吗？

a）不，当然不同意。

b）不十分同意，但我确实有非凡的才能。

c）是的，我同意。奥斯卡·王尔德算是老几？

16. “我的作品对人类的意义最重大。”你是这样认为的吗？

a）自然是了。

b）不，根本不是。

c）我的很重要，但不是最重要的。

17. “我的名字将永垂史册。”你的名字呢？

a）不会。

b）我会这样想，但是不确信。

c）当然会。

18. “人们不能够理解我真正的伟大。”你同意吗？

a）是，但损失的是他们。

b）不，一派胡言。

c）我很好，但是没有那么伟大。

19. “我的家人得围着我转。”同意吗？

a）我通常尽量配合，但是有时我的需要必须优先满足。

b）我始终为他人着想。

c）是的，就像是太阳系一样。

20. “我喜欢成为众人瞩目的中心。”你呢？

a）一点也不想。

b）改变一下也不错。

c）仅仅喜欢吗？设法“要求”。

21. “我值得他人的赞赏和尊重。”你呢？

a）是，我想我应该得到他人的赞赏和尊重。

b）不，我不会那样说。

c）是，我最好也得到他人的赞赏和尊重。

22. “在这个国家里，只有几百个人真正发挥着作用，我就是其中一个。”你是这样吗？

a）我认为这不正确。即使正确，这其中也不包括我。

b）我有影响力，但是影响没那么大。

c）是的，有我，事情就是那样的。

23. “无论走到哪里，人们都认识我。”这是你吗？

a）是，我习惯了。

b）阅读我作品的人知道我。

c）不，我根本就没有名气。

24. “无论到那里，我都期望被奉为上宾。”你呢？

a）不，我讨厌那样。

b）是，我完全接受。

c）有时。

25. “其他人的存在只是为了让我生活得轻松些。”你同意吗？

a）当然同意，天才就应该娇生惯养。

b）这太差劲了。

c）也许吧，在某种程度上我同意。

得分

	1	2	3		1	2	3		1	2	3
1.	a	c	b	10.	b	c	a	19.	b	a	c
2.	b	c	a	11.	a	c	b	20.	a	b	c
3.	b	a	c	12.	b	c	a	21.	b	a	c
4.	c	b	a	13.	a	b	c	22.	a	b	c
5.	a	b	c	14.	b	a	c	23.	c	b	a
6.	b	c	a	15.	a	b	c	24.	a	c	b
7.	a	c	b	16.	b	c	a	25.	b	c	a
8.	b	c	a	17.	a	b	c				
9.	a	b	c	18.	b	c	a				

得分与评析

本测试最高分为 75 分。

● 70—75 分

你是如此傲慢，你甚至不会再阅读下去了吧。你明白自己有多伟大。

● 65—74 分

获得这个分数，你可以追求天才了。你非常傲慢，但是不会糟糕到目中无人的地步，冒犯到他人你还是能够明白的。

● 45—64 分

你不十分理解傲慢。你有太多的正义之心，不能够真正傲慢起来。

● 44 分以下

你非常令人愉快。祝贺你！

◎魅　力

如果你想成为天才，你得需要魅力——吸引他人的魔力。为什么？它不会影响你的工作质量，也不会为你提供出色而有创意的想法。但是，正如我们在第一章中所阐述的，作为天才在很大程度上需要让人们相信你是天才。如果让不理解你讲话的人也相信你确实是一个天才，那么你就成功了。尝试下面的测试题，看看你的魅力如何。

1. 是否人们感觉会被你吸引？

a）是，有时那会是一件尴尬的事。

b）不，没有人会被我吸引。

c）我想会。

2. 你是否发现，无论你的观点如何，人们都会同意你的看法？

a）不，从来没有。

b）不是那么经常。

c）总是如此。

3. 你会成为一个优秀的政治领导吗？

a）是，无论我的执政方针如何，人们都会投票给我。

b）不，即使我有全世界最好的方针政策，我也不会当选。

c）我会是一个平庸的领导。

4. 你发现吸引追随者很容易吗？

a）不，一点也不容易。

b）不怎么容易。

c）是，确实没有问题。

5. 你发现和你不太熟的人会向你敞开胸怀详细地讲述他们的人生故事吗？

a）偶尔有。

b）从来没有。

c）总是有。有时我简直摆脱不掉。

6. 儿童和动物见到你后，会立即向你跑来吗？

a）他们通常跑来咬我。

b）我想，我和他们相处得还可以。

c）是，我始终非常受儿童和宠物的喜爱。

7. 在火车上，陌生人会选择坐到你身边吗？

a）常有的事。

b）有时会。

c）几乎没有。

8. 在大街上有人走上前来向你问路吗？

a）不常有。

b）有时有。

c）很经常的事。

9. 你是否感觉人们会莫名其妙地躲着你？

a）是，这让人很不舒服，我不知道是为什么。

b）经常发生。

c）不，从来没有过。

10. 你的作品会吸引别人吗？

a）是，经常会。

b）根本不会。

c）我想会有一些。

11. 仅仅凭个人魅力你能够改变一群人的观点吗？

a）我已经做过许多次。

b）不，我需要付出更多的努力。

c）我能够影响他们一点点，但是，我不能够使他们冲进巴士底狱。

12. 人们是否通常把你当领导看？

a）有时。

b）从来没有。

c）经常。

13. 即使没有什么实际的事有求于你，是否老朋友也经常与你联系？

a）是，我仍然有许多很久以前的朋友。

b）不，走后就被人家忘记了。这就是我。

c）我有一些老朋友。

14. 人们倾向于爱上你吗？

a）我想，通常会。

b）是，总是有。我已经习惯了。

c）不。那确实不是我的问题，太倒霉了。

15. 人们希望将你占为己有吗？

a）不，从来不。

b）不太经常。

c）是，这确实是一个问题。

16. 你是否感觉自己对人们有一种超常的影响力？

a）可能有时会有。

b）不，绝对没有。

c）是，我已经怀疑自己真有这种影响力。

17. 你能够降服一群愤怒的暴徒吗？

a）我会试一试，但是保证不了结果。

b）我会被他们杀死的。

c）我能够做到。

18. 人们是否会因为是你提出的一个不寻常的思想而接受它？

a）可能会吧。

b）不，事实是，如果是我提出的话，情况会更糟糕。

c）是，这就对了。

19. 在公开讨论中，你是否发现自己很容易起到带头作用？

a）一点也不容易。

b）是，我始终带头。

c）有时。

20. 你擅长做跟随者吗？

a）不，我总是做领导者。

b）是，这符合我的个性。

c）我会根据形势的变化或做领导或做跟随者。

21. 如果人们有求于你，你是否会害怕？

a）不，我已经习惯了。

b）这会稍微让我不安。

c）我会十分恐慌。

22. 如果你不会成为天才，你会考虑从事演艺事业吗？

a）我讨厌从事演艺事业。

b）这个想法确实很吸引我。

c）我不知道，也许会喜欢吧。

23. 你发现引起他人的注意很刺激吗？

a）是，当然很刺激了。

b）不，这让我很尴尬。

c）我已经非常习惯了，我几乎都麻木了，不过，我想我会怀念这一点的。

24. 无论你的宗教信仰是什么，你有能力做传教士吗？

a）我有这个能力，没有比这更容易的事了。

b）我能，但是我不知道是否会成功。

c）我不能，没有人会来我的教堂。

25. 仅仅凭借个人魅力你能够把东西推销出去吗？

a）不能。

b）我也许能够做得很好。

c）根本没有问题。人们总是想讨好我。

得分

	1	2	3		1	2	3		1	2	3
1.	b	c	a	10.	b	c	a	19.	a	c	b
2.	a	b	c	11.	b	c	a	20.	b	c	a
3.	b	c	a	12.	b	a	c	21.	c	b	a
4.	a	b	c	13.	b	c	a	22.	a	c	b
5.	b	a	c	14.	c	a	b	23.	b	a	c
6.	a	b	c	15.	a	b	c	24.	c	b	a
7.	c	b	a	16.	b	a	c	25.	a	b	c
8.	a	b	c	17.	b	a	c				
9.	a	b	c	18.	b	a	c				

得分与评析

本测试最高分为 75 分。

- **70—75 分**

你非常有魅力。你对他人的影响，无论是好还是坏，都非常强大。

- **65—74 分**

你非常有魅力，能够轻松地让人相信你的天才。你有相当大的影响力。

- **45—64 分**

人们感觉你很讨人喜欢。他们会耐心地听取你的观点；但是，他们最终会根据事实做出自己的判断。

- **44 分以下**

魅力确实不是你的强项，不是吗?

◎概念思维

要想成为天才，你需要具备概念思维能力。天才基本上都不是那种注重细枝末节的人。他们考虑的是全局，与概念打交道，而不考虑实用性。尝试下面的测试，看看你的概念思维能力如何。

1. 你要弄明白中央空调系统的工作原理，还是在它出现故障后自己能够修理就可以了？

   a）只要它运转，我不会关心它的工作原理。

   b）我想理解有关它的一切。

   c）能够修理它我很高兴，但是我不在乎理论。

2. 你能够修理汽车发动机吗？

   a）我什么也不懂。

   b）是的，没问题。

   c）我会试一试，但不敢保证结果。

3. 你思考概念只是觉得好玩吗？

   a）是，始终如此。

   b）不，没有意义。

   c）是，某些概念能激起我的兴趣。

4. 你喜欢摆弄机械吗？

   a）我不反对。

   b）我嫌麻烦。

   c）与机械打交道是我最喜欢做的事。

5. 你喜欢 DIY 吗？

a）一点也不喜欢。

b）只有在我老婆唠叨的时候。

c）是，我觉得它让我非常满足。

6. 你喜欢数学吗？

a）是，我对数学非常着迷。

b）不，我对数学很反感。

c）我对数学感兴趣。

7. 你能够理解音乐理论吗？

a）完全不理解。

b）当然理解。

c）我在学校学习过一点。

8. 你下象棋吗？

a）是，我有时间的时候非常热衷下象棋。

b）我会下，但不经常下。

c）不，我不会下。

9. 你是更愿修理一台坏机器，还是愿意去听一场音乐会？

a）我两者都非常喜欢。

b）每天都给我送一台机器修理也没问题。

c）我即使去看牙医也不愿意修理机器。

10. 你渴望了解事物是怎么运行的吗？

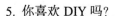

a）是，我有很强烈的好奇心。

b）不，只要它们运行就行了。

c）我很感兴趣，但不着迷。

11. 你渴望了解事物为什么运行吗？

a）是，有时。

b）是，非常有趣。

c）不，不关心。

12. 你会学习一门甚至没有机会用到的语言吗？

a）干什么用呢？

b）可能会。

c）是的，我喜欢学习多种多样的语言，但是没有一门是有用的。

13. 你是更愿意创建一种解释宇宙的理论呢，还是愿意帮忙建造一艘宇宙火箭？

a）两者我都喜欢。

b）火箭听上去很有趣。

c）我喜欢创建理论。

14. 你的朋友是否认为你有一点不现实？

a）我想他们会。

b）没有人会这样看我。

c）不，我认为他们不会。

15. 机器出故障后是否会有人找你帮忙？

a）总是有。

b）不会，除非他们想让机器多出现一些故障！

c）修理机器不是我的长处。

16. 你会编排录像节目吗？

a）会，难道有人不会吗？

b）我有时会出错。

c）我讨厌这样的事情。

17. 对于生活中的实际问题，你只付钱请别人解决吗？

a）我不会那么绝对，但是我会。

b）有些事情我自己是做不了的。

c）不会。我从来不需要这样的帮助。

18. 你觉得哲学有趣吗？

a）一点也不觉得。

b）我对哲学感兴趣。

c）是，我愿意投入更多的时间。

19. 你认为学术研究是脱离实际吗？

a）不完全这么认为。

b）是的，学术让我感到痛苦。

c）不，当然这么不认为。研究就是有关实际的。

20. 你为自己能够修理机器感到自豪吗?

a）是的，我很自豪。

b）不，对我而言，这种自豪是放错地方了。

c）机器在与我蓄意作对。

21. 你以不懂得机器的工作原理而自豪吗?

a）是，我讨厌机器，就像机器讨厌我一样。

b）不，我忍受不了那样的人。

c）不，无知绝对不是什么值得自豪的事情。

22. 你会开车吗?

a）会，我是一个优秀的驾驶员。

b）会，我猜大部分人都会开车。

c）不会，我从来不操心学那东西。

23. 如果腓力斯人的书面语言明天被发现，你会感到兴奋吗?

a）那将是不可信的。

b）我为什么要关心死去的腓力斯人呢?

c）有趣，但我不会那么兴奋。

24. 你对生命的意义考虑得多吗?

a）有时考虑。

b）不，我太忙了。

c）是，当然考虑得很多了，这是最重要的一个问题。

25. 你愿意负责航空母舰的轮机舱吗？

a）你想把航空母舰毁在我手里吗？

b）不，我不太愿意。

c）是，就给我一次机会吧！

得分

	1	2	3		1	2	3		1	2	3
1.	b	c	a	10.	a	c	b	19.	b	a	c
2.	b	c	a	11.	c	b	a	20.	a	b	c
3.	b	c	a	12.	a	b	c	21.	b	c	a
4.	c	a	b	13.	b	a	c	22.	a	b	c
5.	c	b	a	14.	b	c	a	23.	b	c	a
6.	b	c	a	15.	a	c	b	24.	b	a	c
7.	a	c	b	16.	a	b	c	25.	c	b	a
8.	c	b	a	17.	c	b	a				
9.	b	a	c	18.	a	b	c				

得分与评析

本测试最高分为 75 分。

● 70—75 分

你的思维几乎完全是概念性的。你身体里没有一根实际的骨头，而你也不在乎。你的生活中充满了抽象的概念，你非常痴迷于此。你让其他人关心实际的事情。只要你不踩着自己未系的鞋带，把脖子先扭断，你绝对有天才的潜力。

● **65—74 分**

你的概念思维能力很强，但不是对生活中现实的事情完全不顾。你不仅能够设计一个实验，而且还很有可能成功。好了，你可以告诉他人如何把实验做成功。你的天才潜力十分雄厚；但是，如果不发挥出来，即使到汽车修理厂工作的机会也不好找。

● **45—64 分**

你太实际了，做不了天才。你可以修理保险丝，也可编辑录像节目。

● **44 分以下**

在午餐中即使你发现一个概念，你也不知道它是什么。顺便说一句，你把这本书粘满润滑油了吧！

◎控　　制

要想成为天才，你需要完全控制自己的生活。不仅如此，你还需要相信自己处于控制之下。你是自己命运的主宰者，还是相信命运主宰着你？尝试下面的测试题，看看你的控制能力如何。

1. 你对自己所走的生活道路是否完全有信心？

a）这是我想走的路，自然非常自信了。

b）我有时担心自己所走的路。

c）我不知道自己将走向何方。

2. 你感觉自己是在自己生命的“驾驶座”上吗？

a）不，我想我更是一名乘客。

b）是，我多数能够控制自己的生活。

c）是，我也不允许自己做副司机。

3. 你相信命运吗？

a）我想是的。

b）是，我非常相信有些事情是命中注定的。

c）不，我对这样的垃圾没有耐心。

4. 你的运气，你做主吗？

a）不，我认为运气来自其他地方。

b）是，我必须做主。

c）我竭尽全力帮助自己。

5. 你愿意指挥一艘远洋轮船吗？

a）我会恐惧的。

b）我喜欢这个挑战。

c）我愿意，但是我不确定是否自己有这个能力。

6. 你怎么看待这样的说法："你不可能与官僚主义作斗争"？

a）一派胡言，我能与任何人斗争。

b）这句话也许是对的。

c）你始终可以斗争，但也许赢不了。

7. 你在家里掌权吗？

a）不，我的爱人当家。

b）我们一家和睦相处，没有权力之争。

c）是的，我掌权。

8. 作为一个下属，你会怎么样？

a）很可怕，因为我始终懂得最多。

b）我根本不介意接受命令。

c）还可以，但有时会对决策提出质疑。

9. 你喜欢团队运动吗？

a）是的，我喜欢同志间的友谊与忠诚。

b）我喜欢，但不怎么热衷。

c）只有让我做队长的时候才喜欢。

10. 你害怕责任吗？

a）有一点。

b）负责任会是一件十分可怕的事。

c）我需要有一种掌控一切的感觉。

11. 对于青少年犯罪，你倾向于指责社会吗？

a）在某种程度上会。

b）是，我认为年轻人误入歧途是由于社会价值观的缺失。

c）人们应该为自己负责，没有人让你成为罪犯。

12. 你愿意做自己的老板吗？

a）不，风险太大了。

b）我愿意，但有点胆怯。

c）我不可能为别人打工。

13. 你愿意成为一个团体的一员吗，例如参军？

a）是，我喜欢他人承担一些责任的想法。

b）不，我忍受不了“团队精神”这种东西。

c）我不会太介意。

14. 你认为人们应该完全对自己的生活负责吗？

a）这对我来说似乎太苛刻。

b）也许吧，但有时需要一点点帮助。

c）是，否则你怎么生活呢？

15. 你是否在生病的时候也讨厌放弃控制权？

a）放弃控制权会让我发疯的。

b）不，我非常喜欢没有责任的生活。

c）我愿意放弃一会儿。

16. 是否有的时候你会感到生活是在与你作对？

a）不常有这种感觉。

b）是，我经常有这种感觉。

c）根本不会，我掌控着自己的生活。

17. 你相信我们有空闲时间吗？

a）我不知道。

b）我认为我们没有。

c）我知道我有。

18. 你是否给自己算命？

a）是，只是算着玩。

b）我把它看作是很严肃的事。

c）胡说八道！

19. 你的生活道路是注定的吗？

a）当然不是。

b）也许吧。

c）是，我认为有些事情是我们不能够改变的。

20. 你是否曾经感觉需要神的帮助？

a）总是如此。

b）我相信上帝真的是在帮助我们。

c）不，我自己可以解决，谢谢。

21. 你对自己完全有信心吗？

a）是，不相信自己，我还能相信谁呢？

b）多数时候。

c）不，我经常怀疑自己。

22. 你确定掌控着自己的生活吗？

a）十分确定。

b）我希望这样。

c）我一点也不确定。

23. 你相信政府有能力控制你的生活吗？

a）什么？一群庸俗的政客。我绝对不需要他们。

b）是的，当然相信，他们毕竟是我们选举出来的。

c）总的来说，我很高兴让他们控制。

24. 你始终最懂自己吗？

a）关于我的生活，我当然最懂了。

b）我愿意接纳一切建议。

c）我经常需要有人告诉我做什么。

25. 你是自己人生轮船的船长吗？

a）是的，我也不允许有任何水手叛乱。

b）大多数时间是。

c）不，似乎是他人在指挥我的船。

得分

	1	2	3		1	2	3		1	2	3
1.	c	b	a	10.	b	a	c	19.	c	b	a
2.	a	b	c	11.	b	a	c	20.	a	b	c
3.	b	a	c	12.	a	b	c	21.	c	b	a
4.	a	c	b	13.	a	c	b	22.	c	b	a
5.	a	c	b	14.	a	b	c	23.	b	c	a
6.	b	c	a	15.	b	c	a	24.	c	b	a
7.	a	b	c	16.	b	a	c	25.	c	b	a
8.	b	c	a	17.	b	a	c				
9.	a	b	c	18.	b	a	c				

得分与评析

本测试最高分为 75 分。

● 70—75 分

你是一个非常自主的人，这将在你追求天才的旅程中起到很大的作用。他人也许会觉得你很冷漠，而且有一点专横；但是，大部分时间他们会因为你的负责任而感激你。无论怎样，你都不会太在意的，你只是作为一个最好的向导一直向前。

● 65—74 分

你对自己的生活掌控得非常好。当要弄明白什么对你最好的时候，你不会相信运气、命运或政府。但是你明白，无论你有多么渴望，你不可能总是控制一切。

● **45—64 分**

你确实不太能够控制你的生活。你太依赖于外界的帮助，因此不适合进入天才的行列。

● **44 分以下**

你的生活似乎是被另一个星球控制着。也许是另一个星系吧。

◎ 延缓满足

你可能会问，究竟什么是“延缓满足”？但是，如果你想被看作是天才，你就需要知道它是什么。把自己想象为一个刚学走路的小孩，有人对你说：“我给你一块棉花糖。只要你愿意，你可以马上吃掉。但是，过一会儿我要离开房间，如果我回来的时候你没有吃掉，我会再给你两块。”你会怎么做呢？这有什么意义呢？一个心理学家用一些孩子做了这个实验，结果非常有趣。表现出延缓满足的孩子们（即那些能够等待以获得更多好处的孩子）在以后的生活中做得比那些马上吃掉棉花糖的孩子们要好。因此，如果你想成为天才，那么就需要有延缓自己满足的能力。你能做到吗？尝试下面的测试。

1. 我们还是以棉花糖开始吧。老实说，为了再得到两块棉花糖，你能够等待 20 分钟吗？

   a）是，如果需要的话，再等 40 分钟也可以。

   b）不，我会屈服，吃掉手里面的那块。

   c）我有可能等，但那会是一件非常意外的事。

2. 你会偷看礼物吗？

   a）我曾经偷看过。

   b）不，那会破坏惊喜。

   c）我经常这样做，我只是忍不住。

3. 你经常说“我等不及了！”并且心里确实有此意吗？

   a）从来不。

   b）是的。

   c）不经常，但是偶尔也会。

4. 你会种植一棵生长缓慢的树（例如橡树）吗？

a）也许会。

b）当然，它将会成为我未来的礼物。

c）为什么呢？有意义吗？

5. 你会为一个奢侈的假期省钱吗？而这个假期 5 年才有一次。还是你会选择现在去度过一个较便宜的假期？

a）我会选择便宜的假期。谁知道自己还能活多久？

b）我会考虑为奢侈的假期存钱。

c）我肯定会为奢侈的假期存钱。

6. 准备饭菜的时候，你会在厨房偷吃食物吗？

a）不，我从来没有做过这样的事情。

b）是，有时我按捺不住。

c）当然，难道不是每个人都这样吗？

7. 等待什么好事发生，是否会让你感到心烦？

a）不，我非常喜欢期望的感觉。

b）我会心烦得大声喊叫。

c）只要等待时间不太长，我不会太在意。

8. 你读完了一部好书，想从图书馆借续集。但有人已经把它借走了。你会怎么做？

a）冲到书店买一本。

b）预定这本书，等待那人归还后再借。

c）等待，但是会越来越不耐烦。

9. 你想买一些新衣服。你经常光顾的一家商店没有货了，但是可以让你在下周拿到你想要的衣服。50 英里远的一家分店现在有你想要的衣服。你会：

a）等候，直到这家本地店有货。

b）开车到 50 英里远的那家店。

c）给那家分店打电话，看看是否能够电话订购。

10. 你感觉等待自己想要的东西是件轻松的事吗？

a）老实说，根本就没轻松过。

b）我不介意稍微等待一会儿。

c）我从来不介意等候，等待的结果往往是值得的。

11. 你正在等候看最新上演的一部电影。有人宣布说放映机坏了，需要半个小时才能修好。你会：

a）出去买个披萨饼，半个小时后再回来。

b）耐心地等待机器修理好，不发牢骚。

c）强烈地向经理抗议，然后窝着一肚子火度过半个小时。

12. 你或你的爱人怀孕了。你会去弄清楚孩子的性别吗？

a）会，我忍受不了未知数。

b）我也许会，但取决于我爱人的愿望。

c）我会等待。知道后会破坏惊喜，不是吗？

13. 你参加了一门考试，然后就要去国外度假。考试结果会最终邮寄给你。你会：

a）时常到邮局等候消息。

b）打一个费用很高的长途电话，了解结果。

c）等到你回来再去看结果。

14. 你要出差，这会让你和自己的恋人或爱人分开一段时间。你会怎么做？

a）把工作尽可能快地做完，然后回家。

b）打电话、写信、发邮件，匆匆忙忙地把工作做完，赶第一班飞机回家。

c）从容不迫，把工作彻底做完。短暂的离别对双方都有好处。

15. 为你真正想要的东西你能够等待多长时间？

a）如果有选择的话，几秒钟吧。

b）几小时或几天还可以，几周或几个月就不行了。

c）如果有必要的话，几年也可以。

16. 你认为忍耐是一种美德吗？

a）是，我就拥有这种美德。

b）不，但我很有耐心。

c）不，我讨厌忍耐。我为什么应该忍耐呢？

17. 你有养老金吗？

a）干什么用？我是说，我不会退休。

b）当然，还是节俭一点的好。

c）是，虽然我没有按照我应该交的交那么多。

18. 你会致力于一项长期的项目吗？例如科学研究，几年内都不可能有回报。

a）如果工作足够有趣的话，我可能会。

b）生命太短暂了。

c）我当然会。任何值得做的事情都需要花费时间。

19. 一件神秘的礼物不期而至了。然而，你必须去赴一个紧急的约会。你会怎么做？

a）撕掉包装纸，打开礼物，忘记了约会。

b）留着这个富有诱惑力的包裹，等你回来再看。期待也是一种乐趣。

c）去赴约，然后尽快赶回来，打开礼物。

20. 你得到了一份薪水更高的工作。然而，如果你守着目前的工作，三年后你的前途会非常好。你会怎么做？

a）走，这个地方你已经受够了。

b）留，对于耐心的奖赏也许是丰厚的。

c）再多待一段时间，但同时继续寻找其他机会。

21. “凡事都要肯等，久等必有一善。”你同意这个说法吗？

a）我想它通常情况下都是正确的。

b）我认为这只是常识。

c）不。你必须走出去，争取你想要的东西。

22. 有一份工作，要想得到晋升，必须等到占着那个位置的人死后才有可能。你会做这样的工作吗？

a）会，这对于我来说没有什么。

b）如果我做的话，那个人应该死得比预期的早些。

c）我想我会的，但是我会很烦躁。

23. 在下周末，你将被授予很高的荣誉，而且要在全国电视直播。你会感觉怎么样？
  a）等不及了！
  b）有这事很好。
  c）有一点点紧张，但是还好。

24. 你想去看一场体育比赛，但是你首先需要做一些家务。你会：
  a）忘掉家务，偷偷溜出家门。
  b）认真做家务。
  c）匆匆地做完家务，然后尽快离开。

25. 你将从一个远房亲戚那里继承一大笔钱。你会：
  a）忘掉这件事。最后钱总会到你手里的。
  b）有时会想一想，有所期盼。
  c）强烈地渴望这个亲戚升天。毕竟，他好像不是你非常亲近的人……

得分

	1	2	3		1	2	3		1	2	3
1.	b	c	a	10.	a	b	c	19.	a	c	b
2.	c	a	b	11.	c	a	b	20.	a	c	b
3.	b	c	a	12.	a	b	c	21.	c	a	b
4.	c	a	b	13.	b	a	c	22.	b	c	a
5.	a	b	c	14.	b	a	c	23.	a	c	b

6.	c	b	a	15.	a	b	c	24.	a	c	b
7.	b	c	a	16.	c	b	a	25.	c	b	a
8.	a	c	b	17.	a	c	b				
9.	b	c	a	18.	b	a	c				

得分与评析

本测试最高分为 75 分。

● **70—75 分**

对于延缓满足你是没有问题的，你可以获奖了。你真正想要的东西，你能够永远地等下去，没有什么东西会让你放弃。

● **65—74 分**

对于等待你没有太大的问题，但是你的耐心是有限度的。你仍然能够等待足够长的时间去胜任天才的地位。

● **45—64 分**

在这方面你确实不怎么突出。事实上，当一个深思熟虑的想法起作用的时候，你有明确不耐烦的倾向。设法放松，让好事在你身上发生吧。

● **44 分以下**

不要走开，你还没有得到自己的结果呢！

◎决　心

要想成为天才，你需要相当大的决心。你会遇到无数的困难，必须将其全部克服。尝试下面的测试题，看看你的决心如何。

1. 你会对一个问题的解答持否定态度吗?

a）不会，如果我可以帮忙的话。

b）会，我经常除了承认失败之外别无选择。

c）我设法不，但有时是难免的。

2. 你有明确的生活目标吗?

a）当然有了，我每时每刻都在考虑。

b）没有，我不怎么考虑这个问题。

c）有，我想我有。

3. 你总能实现自己的抱负吗?

a）只是有时能够。

b）是的，我从来没有失败过。

c）不，通常我会陷入困境。

4. 你感觉自己的问题通常能够解决吗?

a）是，总有办法的。

b）通常都有解决办法。

c）有些问题解决不了。

5. 你是否曾经对生活不抱什么希望?

a）从来没有，那不是我的生活态度。

b）有时候麻烦事确实太多。

c）是的，我多数时间都有那种感觉。

6. 你是否会允许他人妨碍你想做的事情？

a）我想有时是没办法的事。

b）不，我决不允许。

c）常有的事。

7. 批评会阻止你走自己选择的道路吗？

a）根本不会。

b）有时会。

c）会，我发现它会让我大大受挫。

8. 你有远大的抱负吗？

a）根本没有。

b）有一点点。

c）有，抱负对于我的生活很重要。

9. 你对自己想成就的东西非常清楚吗？

a）不完全清楚。

b）我有一些想法，但时常改变注意。

c）是，我完全清楚。

10. 如果有必要，为了给自己的计划筹措资金，你会做一些不体面的工作吗？

a）不会，我认为我做不了。

b）会，我当然会。

c）也许我会，但我不会太喜欢做。

11. 你能够快乐地忍受傻子吗？

a）能够，我确实非常有耐心。

b）有时能够，但我设法不去忍受。

c）不能够。

12. 你认为自己的工作比他人的问题重要得多吗？

a）不，我认为这太傲慢了。

b）是，我有时这么认为。

c）我肯定这么认为。

13. 你是否会考虑放弃自己的计划，做些其他不太费神的事情？

a）我想我可能会。

b）是，我确实考虑过。

c）那样还不如让我去死。

14. 如果你病得非常重，你是否仍然会努力完成工作？

a）是，工作到我剩下最后一口气。

b）不，我更愿意与家人一起度过。

c）也许会吧，但得看一些其他因素。

15. 你会让家人和朋友插在你和工作之间吗？

a）绝对不会。

b）会，在某种程度上会。

c）会，我是个非常顾家的人。

16. 为了完成你自己计划的工作，你会做出一些个人的牺牲吗？

a）不，我想不会。

b）是，但必须要有限度。

c）我可以付出任何代价。

17. 你会受到诸如个人享受这种问题的影响吗？

a）不会，我从来没有想过这样的问题。

b）会，我需要舒舒服服的，才能好好工作。

c）我需要适度的享受，但是如果需要，我也可以将就着过。

18. 你愿意经常为了赶任务而不睡觉吗？

a）不，我不能那样做。

b）是，那只是一个小小的牺牲。

c）可能会，短时间之内吧。

19. 如果把性情分为 10 个等级（1= 随和，10= 残忍），你会把自己划为哪个等级？

a）1—3

b）4—6

c）7—10

20. 你认为他人会把你看作是一个有决心的人吗？

a）当然了。

b）也许吧。

c）可能不会。

21. 你会让工作占据自己大部分睡眠以外的时间吗？

a）是，我很少考虑其他事情。

b）我工作很努力，但不是所有的时间都如此。

c）不，我不会干那么多。

22. 如果把工作的重要性分成 10 个等级（1= 一点也不重要，10= 几乎和呼吸一样重要），你认为工作对你的重要程度如何？

a）1—3

b）4—6

c）7—10

23. 你会因为生活中小小的挫折而忧虑吗？

a）是，它们都快把我弄疯了。

b）有时我会很烦躁。

c）不，我不会为它们担忧的。

24. 你希望他人体谅你工作的重要性吗？

a）不，当然不会。

b）是，一定会。

c）有时这是有必要的。

25. 你感觉他人的问题占用你的宝贵时间了吗？

a）是，这让我很愤怒。

b）不，我从来不介意。

c）如果很忙的话，它会让我很讨厌。

得分

	1	2	3		1	2	3		1	2	3
1.	b	c	a	10.	a	c	b	19.	a	b	c
2.	b	c	a	11.	a	b	c	20.	c	b	a
3.	c	a	b	12.	a	b	c	21.	c	b	a
4.	c	b	a	13.	b	a	c	22.	a	b	c
5.	c	b	a	14.	b	c	a	23.	c	b	a
6.	c	a	b	15.	c	b	a	24.	a	c	b
7.	c	b	a	16.	a	b	c	25.	b	c	a
8.	a	b	c	17.	b	c	a				
9.	a	b	c	18.	a	c	b				

得分与评析

本测试最高分为 75 分。

● **70—75 分**

你的决心如此之大，真让人害怕。你表现得冷酷无情，也许有助于你成功，但是会让你很少有朋友。然而，天才有需要朋友的时候吗？对于你来说，工作就是一切。

● **65—74 分**

你的决心很大，而且对你自己也很苛刻。你对工作之外的事情并不是完全不关心，但只是感觉很难有时间来考虑它们。

● 45 64 分

你非常苛刻，但也懂得在自己生活中为他人留出一点余地的必要性。你的性格中有柔弱的一面，这使得人们感觉你有吸引力。然而，你也许没有达到天才高度的推动力。

● 44 分以下

是不是你没有认真对待这个测试？祝你愉快！你不是一个天才。

◎热　情

要想成为天才，你需要有极大的热情。如果半心半意，缺乏热情，那么你就不可能攀登智力成就的高峰。下面将测试你热情的高度。本测试对于热情这个主题采取了宽泛的视角。因为，说到底，热情是你对待生活的态度，而不仅仅是对待自己研究领域的态度，否则就会有差异了。

1. 你总是满怀兴奋地期待着新的一天的到来吗?

a）是，那就是我。

b）不，我醒来的时候感觉就像进了地狱。

c）那要看情况了，不是吗?

2. 你期待即将到来的挑战吗?

a）不，如果你不介意，我更愿过没有挑战的生活。

b）挑战来的时候，我会接受。

c）是，我喜欢挑战。

3. 你害怕问题，还是把问题看作是挑战?

a）问题只是伪装的挑战。

b）我的问题只是问题。

c）我知道你的意思，但即使如此，问题也会给我带来麻烦。

4. 你对下面的说法怎么看，“人生事事不如意，那么你就死吧。”

a）这是玩世不恭，失败主义者的论调。

b）总结得好。

c）虽然我确实很灰心，但我感觉没有那么糟糕。

5. 你经常寻求投身于新的活动吗?

a）不，我现在做的事情问题已经够多了。

b）是，在我力所能及的范围之内。

c）当然了！只是一天 24 小时不够我用。

6. 你感觉你喜爱自己的工作吗?

a）是，工作是我生活中最美好的事。

b）不，我多数时间看到工作就讨厌。

c）“喜爱”这个词的语气太重了，说“喜欢”还可以。

7. 你理解一个新概念的时候兴奋吗?

a）一点也不兴奋。

b）有时兴奋。

c）那确实是一件让我很兴奋的事。

8. 对于你来说，要表现出色，热情是必要的吗?

a）如果没有热情，我一天也活不下去。

b）有热情会很好。

c）没有，无论我的感受怎么样，我都必须做。

9. 你倾向于做这样一个人吗?即让他人高兴地做他们也许并不怎么热衷的事情。

a）是，我通常的工作就是这个。人们太爱发牢骚。

b）不，我只会让他们感到更糟糕。

c）是，有时我能够成为那个有热情的人。

10. 你会仅仅因为喜欢一份额外的工作而去做吗？

a）不，我已经有足够多的工作了。

b）也许吧。

c）是，当然会做了。我跟你说过我喜欢我的工作！

11. 你感觉生活需要过得充实吗？

a）那始终是我的人生哲学。

b）不，我没有时间。

c）是，我设法那样感觉，虽然有时很困难。

12. 你有时会泄气吗？

a）是，难道不是每个人都这样吗？

b）不太经常。

c）不，我为什么要泄气呢？

13. 你是否曾经感到你的工作已经变得太程式化了？

a）偶尔。

b）是，那正是我的感受。

c）不，当然不会。

14. 你是否有时有这样的意念：你不得不更快地跑，结果却仍在原地？

a）没有，我从来没有那样的感觉。

b）有，有时好像就是那个样子的。

c）有，似乎每天都有。

15. 当事情不顺的时候，人们会寻求你的鼓励吗？

a）曾经发生过。

b）不，那样他们会找错人的。

c）那是我的优点之一。

16. “生活就像是一碗樱桃。”你认为这句话怎么样？

a）听上去可能有点傻，但它是正确的。

b）非常愚蠢。

c）有时可能正确，但不总是正确。

17. 你总是感觉自己在高速运转吗？

a）不，没有。

b）是，一直都有这种感觉。

c）通常有这种感觉。

18. 你很容易泄气吗？

a）从来不。

b）我想我有时会。

c）是，让我泄气并不怎么费劲。

19. 在每片乌云中，你总能看到一线希望吗？

a）不，我甚至看都不看。

b）我想是的。

c）是，我当然能够看到。

20. 当你考虑生活的时候，你会对自己的生活有一种很好的感觉吗？

a）总的来说，我想我会。

b）是，我热爱我的生活。

c）不，老实说，我更想过他人的生活。

21. 你能够调动一个团队中其他成员的热情吗？

a）也许能够。

b）没问题。

c）我会等着他们调动我的热情。

22. 人们有时会感到你有点扫大家的兴吗？

a）从来不会。

b）不太经常，只有我心情不好的时候。

c）好了，但你也没有必要那么不客气吧。

23. 人们必须支持你的热情吗？

a）是，始终如此。

b）不，往往相反，是我支持别人的热情。

c）有时。

24. 即使面对严重问题的时候，你也能够表现出热情吗？

a）我每天都表现出极大的热情。

b）我想如果努力，我就能够。

c）不，我会蜷缩在一个球里。

25. 你会把自己称为一个热情的人吗？

a）我想不出一个比这更好的形容词了。

b）是，我希望如此。

c）不，任何其他人也不会这样称呼我。

得分

	1	2	3		1	2	3		1	2	3
1.	b	c	a	10.	a	b	c	19.	a	b	c
2.	a	b	c	11.	b	c	a	20.	c	a	b
3.	b	c	a	12.	a	b	c	21.	c	a	b
4.	b	c	a	13.	b	a	c	22.	c	b	a
5.	a	b	c	14.	c	b	a	23.	a	c	b
6.	b	c	a	15.	b	a	c	24.	c	b	a
7.	a	b	c	16.	b	c	a	25.	c	b	a
8.	c	b	a	17.	a	c	b				
9.	b	c	a	18.	c	b	a				

得分与评析

本测试最高分为 75 分。

- **70—75 分**

你有充沛的热情，它将激励着你克服天才之路上的一切困难。

- **65—74 分**

就热情而言，你做得相当好。然而，你确实设法看到了生活黑暗的一面，若是你间接看到的就好了。至少，你知道我们其他人是怎么感受的。

● **45—64 分**

你的热情不高。希望你的其他素质可以弥补这一点。

● **44 分以下**

你确实有问题，不是吗?

◎ 集体依赖性

天才都喜欢独来独往。他们这样也是不得已，因为根据天才的定义，他们对事物的看法和理解是与我们常人格格不入的。下面的测试题用于测试你的发展过程。你是属于独立的人，还是属于喜欢朋友、家人、同事支持的人？让我们拭目以待。

1. 你喜欢聚会吗？

a）不，我更喜欢读一本书。

b）请尽力阻止我！

c）是，但不经常。

2. 你是否曾经考虑过独自一人到野外旅游？

a）不，我讨厌这样的想法。

b）我也许会，但我会担心。

c）是，我会那样做，而且很喜欢。

3. 你需要家人支持，帮你树立信心吗？

a）难道不是每个人都这样吗？

b）不，我爱我的家人，但我的信心是自己的事。

c）在某种程度上需要，但在必要的时候我能够自己对付。

4. 你担心别人怎么看你吗？

a）是，当然担心了。

b）每个人都会有点担心吧。

c）我从来不担心。

5. 你去上班的部分原因是想找个人做伴吗？

a）是，我喜欢工作上的社交。

b）我喜欢时常举行办公室派对。

c）我不愿碰到这种事情。

6. 你会在家一个人工作吗？

a）是，我喜欢！

b）如果需要的话，我也许会。

c）不，那会把我弄疯的。

7. 你喜欢有人陪伴吗？

a）是，事实上我非常喜欢。

b）我喜欢单独一个人。

c）我单独一个人的时候就会烦躁。

8. 你喜欢大型的公众集会吗？

a）我努力逃避。

b）不太过分的，我还可以。

c）我喜欢。

9. 你喜欢团队运动吗？

a）那是我的最爱。

b）我喜欢。

c）那还不如拔我一颗牙呢！

10. 你能和鲁滨孙·克鲁索交换一下位置吗？

a）是，那将非常适合我。

b）我会发疯的。

c）交换一两周还可以。

11. 如果你可以选择，你愿意选择下列哪一项：

a）出去参加一个大型聚会。

b）在家里度过一个惬意的夜晚。

c）找几个朋友聚餐。

12. 他人的出现会让你感觉受到威胁吗？

a）不，我喜欢有个人陪伴。

b）不，但我也喜欢独处。

c）是，除非不得已，我讨厌和他人在一起。

13. 有人说你不合群吗？

a）我？笑话！

b）不，没有人真正这样说过。

c）我想他们会这样说。这有什么不对吗？

14. 你做出一个决定的时候，你感觉需要与同事协商吗？

a）协商什么呢，那是我的决定。

b）我总是非常珍惜来自同事的帮助。

c）如果我觉得必要，我可能会询问同事。

15. 你喜欢逛街吗？

a）喜欢！零售疗法！

b）只要不太忙，我非常喜欢。

c）连踢带叫，你才能把我拉去。

16. 你喜欢住在大城市还是小乡村？

a）我喜欢乡村宁静的生活。

b）住在哪里我都不介意，关键要看住房条件。

c）我不能住在乡村，只有城市生活才是我想要的。

17. 你关注民意测验吗？

a）要是我能够不理睬就好了！

b）是，我经常关注。

c）有时关注，但我有自己的主见。

18. 你有感到过孤独吗？

a）不，我喜欢我的伙伴。

b）是，经常这样。

c）不，我从来不孤独。

19. 就与他人接触而言，下面的工作哪一个最适合你：

a）以说笑话为主的喜剧演员。

b）办公室工作人员。

c）计算机程序员。

20. 你外出社交的频率如何？

a）每周几次。

b）每月几次。

c）很少有。

21. 你邀请朋友聚会的频率如何？

a）每月几次。

b）总是。

c）什么朋友？

22. 你单独相处的时候感到有威胁或紧张吗？

a）是，我感到非常急躁不安。

b）一点也不。

c）一点点。

23. 你愿意到国际空间站，在只有两个宇航员的陪伴下工作一年吗？

a）那会是件非常有趣的事。

b）不，我对付不了寂寞。

c）我会考虑，但很可能最后不去。

24. 有一栋漂亮的房屋要降价销售，它距离任何地方都是几英里远。你会买吗？

a）我不在乎价格，但我不愿意住在荒郊野外。

b）我不在乎价格，不管怎样我都想去那里住。

c）我会考虑。

25. 你没有同他人讲过话的时间最长是多少？

a）几天。几周吧。我真的记不清了。

b）几个小时。我仍然记得当时的厌恶情绪。

c）两天。很高兴我又找到了伙伴。

得分

	1	2	3		1	2	3		1	2	3
1.	b	c	a	10.	b	c	a	19.	a	b	c
2.	a	b	c	11.	a	c	b	20.	a	b	c
3.	a	c	b	12.	a	b	c	21.	b	a	c
4.	a	b	c	13.	a	b	c	22.	a	c	b
5.	a	b	c	14.	b	c	a	23.	b	c	a
6.	c	b	a	15.	a	b	c	24.	a	c	b
7.	c	b	a	16.	c	b	a	25.	b	c	a
8.	c	b	a	17.	b	c	a				
9.	a	b	c	18.	b	a	c				

得分与评析

本测试最高分为 75 分。

● **70—75 分**

你不需要他人，也不珍惜他们的陪伴或意见。你可能不受欢迎，但你为什么又应该在乎这些呢？你甚至都不知道它的意义。你具备天才所需要的以自我为中心的方法。没有人能够打扰你的工作，除非他们带着武器来。

● **65—74 分**

你一个人非常快乐，不太需要他人。但你不是隐士，你也不是对他人完全地冷漠。在需要的时候，你会很容易排除他人的干扰，但是你也知道在适合的时候如何与他人联系。

● **45—64 分**

你非常依赖他人。你不怎么真正喜欢自己的伙伴，你需要朋友、同事、亲戚的爱和支持。你不拥有天才的自给自足。

● **44 分以下**

你做这个测试的时候是在一个聚会上，还有另外 6 个人！

◎灵　　感

天才需要灵感。所有灵感都必须有出处。那么灵感来自哪里呢？你很容易找到灵感吗？还是需要当头一棍才能产生一个新的想法？尝试下面的测试题，看看你的灵感如何。

1. 你感觉自己的工作是受到"上天"的启示吗？（例如，上帝或你的缪斯女神）

   a）是，当然是了。

   b）不，根本不是。

   c）也许吧，我没有太多地考虑这个问题。

2. 你做梦的时候会获得好点子吗？

   a）从来不会。

   b）偶尔会。

   c）非常频繁。

3. 你发现有价值的想法会在白天或夜晚的某个不固定的时候闯进你的大脑吗？

   a）经常如此。

   b）有时发生。

   c）不，在我身上没有这种现象。

4. 如果你聆听一首动人的音乐，它会激发你的灵感吗？

   a）不太会。

   b）会，音乐是灵感的伟大源泉。

c）可能会吧。

5. 你发现其他天才的作品对你有启发性的影响吗？

a）是，当然有了。

b）这曾经影响过我。

c）不，我发现这对我不管用。

6. 你必须为有个好想法而努力工作吗？

a）是的，这是唯一的方法。

b）不，好想法会很容易到来。

c）有时我很幸运，但是多数情况下需要努力工作。

7. 你会面对一张白纸（或空白电脑屏幕）长达几个小时，而结果什么想法也没有吗？

a）不，幸亏我不会。

b）像许多人一样，我有时也会思维卡壳。

c）常有的事。

8. 你是否需要经历某些仪式才能够使自己进入“思维模式”？

a）是，这些仪式能够起到作用。

b）没有什么能够帮助我，我需要坚持不懈才会有好主意出现。

c）我不需要仪式，好的想法会自己到来。

9. 你是否必须有合适的心情才能够获得新的想法？

a）不，我不需要任何特别的心情。

b）是，适合的心情能够起到一定作用。

c）对于我来说，没有什么“合适”的心情。新的想法对于我来说简直是长途跋涉。

10. 当你根本没有任何想法的时候，你是否有类似于“作家阻塞”的情况出现？

a）经常。

b）有时。

c）从来没有。

11. 你是否有过这样的时期：主意来得非常快，以至于你不得不通宵达旦地工作才能够赶上创造性的思绪？

a）很不幸，没有。

b）只是非常偶然的情况下才有。

c）是，经常发生。

12. 你需要使用什么技巧（例如冥想或瑜珈）来保持你的创造性思维畅流吗？

a）它不畅流，而是渗出。非常缓慢！技巧是不管用的。

b）我的思绪非常流畅，不需要额外的帮助。

c）是，我发现有些技巧确实管用。

13. 你害怕自己的创造性思维哪一天完全枯竭吗？

a）是，会发生的。

b）我不能够想象这样的事情。

c）我的创造性思维也许已经枯竭了。

14. 你发现有时必须寻求他人为你提供灵感吗?

a）有时他们能够帮忙。

b）我从来不需要任何人的帮助。

c）老实说，能够帮忙的人不多。

15. 有没有人（或许你的爱人）能够激发你的灵感?

a）有。

b）我不是告诉过你吗? 我不需要帮助。你是聋子啊?

c）仍然很艰难。

16. 如果你被单独监禁，你的灵感会停止吗?

a）没有什么能够阻止我的灵感。

b）是，当然会停止了。

c）谁需要单独监禁? 我的灵感会自然停止。

17. 你的健康状况与你的灵感多少成正比吗?

a）是的，虽然我缺乏灵感。

b）是的，我感觉灵感在驱使着我前进。

c）我总是很有灵感，感觉很虚幻。

18. 一个伟大的雕塑家说，他的雕像已经存在了，他要做的就是把多余的石头切削下去。你对自己的作品有同样的感觉吗?

a）始终有。

b）我不断切削，但什么也没有削出来。

c）我明白他的意思，但对于我来说不会来得那么容易。

19. 如果你的灵感枯竭，你能够继续活下去吗？

a）不，那将是我的终结。

b）我会竭力活下去。

c）你说“如果”是什么意思？

20. 目前你的生命中有这样的一刻吗？即你感到自己有一个智力突破。

a）有。

b）肯定没有。

c）曾经有无数次小小的成功。

21. 他人有向你寻求灵感吗？

a）徒劳！

b）是，有时我感到受宠若惊。

c）当然了，一直都有人这么做。

22. 爱迪生说过：“天才是 1% 的灵感加上 99% 的汗水。”你怎么看？

a）对，我就是这样的一个人。

b）不对，爱迪生是一个无能的苦力。

c）我想其中有一定的道理。

23. 灵感是你生活的中心吗？

a）很不幸，不是。

b）我希望这样。

c）绝对是。

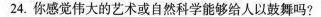

24. 你感觉伟大的艺术或自然科学能够给人以鼓舞吗？
   a）是，虽然我不需要外界的帮助。
   b）是，肯定会。
   c）不，我感觉它们很有趣，但是我仍然需要努力工作才能有自己的想法。

25. 你会不断地追求一个真正巨大的创意吗？
   a）是，但不会成功。
   b）是，我希望找到。
   c）不，我已经有了。

得分

	1	2	3		1	2	3		1	2	3
1.	b	c	a	10.	a	b	c	19.	c	b	a
2.	a	b	c	11.	a	b	c	20.	b	c	a
3.	c	b	a	12.	a	c	b	21.	a	b	c
4.	a	c	b	13.	c	a	b	22.	a	c	b
5.	c	b	a	14.	c	a	b	23.	a	b	c
6.	a	c	b	15.	c	a	b	24.	c	b	a
7.	c	b	a	16.	c	b	a	25.	a	b	c
8.	b	a	c	17.	a	b	c				
9.	c	b	a	18.	b	c	a				

得分与评析

本测试最高分为 75 分。

- **70—75 分**

你的灵感非常强烈。你从来不缺乏主意，缺乏的只是抓住这些灵感所需要的时间。

- **65—74 分**

你的灵感很流畅。你意识到你的灵感并不是无限的，但是最后你总会没事的。

- **45—64 分**

你必须得为获得灵感而努力工作。什么来得都不容易，你经常害怕自己的灵感会完全枯竭。

- **44 分以下**

创意对你来说来得一点也不容易。

◎痴　　迷

对多数人来说，痴迷并不是一个非常有吸引力的个性，它多少带有一点精神问题。痴迷的人缺乏冷静地辨别轻重缓急的能力，会被一些观念弄得神魂颠倒，这些观念可能对他们没有任何好处。然而，天才都痴迷。他们不得不痴迷，否则他们就获得不了他们需要的成就。尝试下面的测试，看看你的痴迷程度到底如何。

1. 你会反复检查自己是否给车上了锁吗？

a）是，总是这样。

b）有时会。

c）不，我总是非常确信锁上了。

2. 你会无休止地检查自己的工作，设法找到错误吗？

a）不，我会迅速检查一遍，然后就放下。

b）是，我就是那样的一个人，再怎么检查也不过分。

c）我会检查几次，但最终不得不放下。

3. 在其他人没有检查你的工作之前，你会一直很犹豫吗？

a）不，我没有这样的问题。

b）是，我讨厌必须让人检查你的工作。

c）我明白你的意思，但这不是一个大问题。

4. 你有时是否会觉得自己就是放不下？

a）不，我没有这种情况。

b）曾经有这种情况，但不经常。

c）是，我时常有这种感觉。

5. 你是否有一些想法似乎比其他一切都重要？

a）当然了，难道不是每个人都有吗？

b）不，我没有这个问题。

c）我的某些想法似乎非常重要，但也许我错了。

6. 你有时非常专心做一件事的时候会忘记吃饭吗？

a）不会，从来没有过。

b）非常偶然。

c）我会因此而经常忘记吃饭。

7. 你是否曾经因为工作非常努力而发现自己熬了一整个夜晚而没有睡意？

a）是，我经常忘记睡觉。

b）不，我始终会在同一时间按时睡觉。

c）有时会有这种情况。

8. 你有没有某些事情必须得做，但是对自己的行动又没有合理的解释？

a）是，这很令人难堪，但我抑制不住。

b）不，我不会那样。

c）我有过这样的经历，但不经常。

9. 你会沉迷于一种想法而排除其他一切吗？

a）不太会。

b）有时会。

c）会，我就是那样的一个人。

10. 有时你会因为全神贯注于某件你正在做的事情而不知道周围发生的事吗？

a）是，我总是那样。

b）不，我不是那样的人。

c）偶尔有。

11. 在他人设法劝说你会误入歧途的情况下，你仍然会继续你的思绪吗？

a）是，一旦开始，没有什么能够妨碍我。

b）有时会那样。

c）不，我不是那样的人。

12. 有人说你容易对事物着迷吗？

a）没有，没有人跟我说过。

b）有人提到过。

c）有，总是有人这么说我。

13. 有些问题你就是放不下，即使对你没有明显的好处你也放不下。你有这样的问题吗？

a）没有，我知道什么时候停止。

b）我辨别得了这样的形势。

c）我总是那样。

14. 有一个问题会影响你的一生吗?

a）当然有了。

b）根本没有。

c）有，虽然在需要的时候我可以不关注它。

15. 你发现很难去不注意你认为重要的事情吗?

a）是，不注意不是我的性格。

b）不去注意通常情况下是可能的。

c）不，我没有这样的问题。

16. 你发现自己会反复检查自己做过的事的细节吗?

a）我会禁不住那样做。

b）我有时那样做，但通常可以阻止自己不去做。

c）不，我从来不会那样，即使有诱惑也不会。

17. 在 1—10 的等级内，你认为自己的痴迷程度属于哪个范围?（1= 完全不痴迷，10= 完全痴迷）

a）1—3

b）4—6

c）7—10

18. 你容易痴迷于一个想法的倾向是否会让人反感?

a）是，非常让人反感。

b）不，我认为不会。

c）有时会。

19. 你是否曾经因为痴迷或强迫症而接受过治疗？

a）是。

b）没有。

c）那是很久以前的事了。

20. 你的痴迷曾经对你的生活有过伤害吗？

a）没有，肯定没有。

b）有，很不幸。

c）有过一两次吧。

21. 你是否曾经希望自己不那么着迷于自己关心的问题？

a）是，经常。

b）不，从来没有。

c）有时会有。

22. 你是否会满足于自己在一个项目上已经做了足够的工作？

a）不，根本不满足。

b）是，最终总会满足。

c）当然会满足了。

23. 你是否发现放下一件事情确实不太可能？

a）是。

b）不。

c）有时。

24. 有人曾经因为你的痴迷行为而与你断绝关系吗？

a）有，我经常害怕这样的事发生在我身上。

b）没有，我从来没有这样的厄运。

c）有，发生过，但不经常。

25. 你认为自己的专心是一笔巨大的财富吗？

a）是，我觉得它是无价的。

b）不，那不是我的美德。

c）它非常有用，但我不是那么专心。

得分

	1	2	3		1	2	3		1	2	3
1.	c	b	a	10.	b	c	a	19.	b	c	a
2.	a	c	b	11.	c	b	a	20.	a	c	b
3.	a	c	b	12.	a	b	c	21.	b	c	a
4.	a	b	c	13.	a	b	c	22.	c	b	a
5.	b	c	a	14.	b	c	a	23.	b	c	a
6.	a	b	c	15.	c	b	a	24.	b	c	a
7.	b	c	a	16.	c	b	a	25.	b	c	a
8.	b	c	a	17.	a	b	c				
9.	a	b	c	18.	b	c	a				

得分与评析

本测试最高分为 75 分。

● **70—75 分**

你具备天才所需要的痴迷素质，但当心因为自己的痴迷而变成精神病。

● **65—74 分**

你非常痴迷，但并不是对其他问题完全视而不见。你意识到特别痴迷可能有危险。

● **45—64 分**

你在某些领域十分痴迷，但同时也知道你心里还想着许多其他事情。

● **44 分以下**

忘了它吧！你的精神紧张度就像捕虾网一样。

◎ 自我形象

考虑自己天才潜力的时候，顺便考虑一下自己的形象也是一个不错的想法。下面的测试可以帮助你认清自己的形象，尤其有助于你明确感觉自己是否有成为天才的潜力。

1. 你感觉是否自己在某些方面是被“精选”出来的？

a）是，我始终明白自己有某些特殊的地方。

b）不，根本没有这种感觉。

c）我有时在内心会怀疑自己有超越他人的地方。

2. 你在某些活动中有超常的表现吗？

a）没有。

b）有，我有一些超越正常水平的能力。

c）我不知道，也许我还没有发现吧。

3. 名誉对你有吸引力吗？

a）我从来没有太多地考虑过这个问题。

b）我喜欢出名。

c）我非常讨厌名声。

4. 有人曾经把你作为特殊人才挑选出来吗？

a）有，有时我会被人注意到。

b）没有。

c）有，人们经常说起我的能力。

5. 你有一种完全支配自己生活的兴趣吗？

a）有，有一个领域是我非常感兴趣的。

b）没有，我容易对很多事情感兴趣。

c）我有许多非常热衷的事情。

6. 你是否有时感觉自己比其他人懂得多？

a）从来没有，我讨厌那样的感觉。

b）是，有时当我感觉自己懂得多的时候，我会变得不耐烦。

c）我不愿承认这件事，但我几乎每时每刻都有这种感觉。

7. 你会单纯对一些思想感兴趣吗？

a）不，我不是一个真正的思想者。

b）我喜欢思想，但我也非常现实。

c）思想确实很令我着迷。

8. 你擅长抽象思维吗？

a）是，我总是能够抽象地思考问题。

b）不，我的观点非常现实。

c）我的抽象思维能力不错，但不很突出。

9. 你是否暗暗地怀疑自己是一个天才？

a）是，但我没有向别人说过。

b）不，根本没有过。

c）只是有时我认为自己也许是一个天才。

10. 在你死之前可能没有人会发现你的才能，你为此担心吗？

a）是，我讨厌这样的想法。

b）我从来没有想过。

c）这不会对我有太大的影响。

11. 死后才获得名声，这个想法对你有吸引力吗？

a）没有，根本没有。那对我有何益处呢？

b）我想被人记住将是件不错的事。

c）有。假如人们能够记得我，我想我会喜欢这个想法。

12. 你愿意到外面度过一个愉快的夜晚，还是喜欢待在家里学习？

a）为了学习，我愿意放弃许多事情。

b）我愿意到外面玩。

c）如果学习很重要的话，我也许会待在家里。

13. 你认为自己具有创新性思维吗？

a）并不这样认为。

b）是，我确实相信自己有。

c）我不太肯定。

14. 人们觉得你的想法有趣吗？

a）不，他们不觉得。

b）有些人曾经这样说过。

c）是，人们总是对我说的话很感兴趣。

15. 你有时感觉人们不能够理解你讲的话吗？

a）是，这让我很烦恼。

b）不，我没有这样的问题。

c）是，有时会有。

16. 你对自己的生活很泄气，而且感觉自己能够做得更多吗？

a）不，我非常安于现状。

b）我有时喜欢多做一点。

c）是，我渴望充分发挥自己的潜力。

17. 你通常自我感觉良好吗？

a）是，一直自我感觉良好。

b）不，不是那么经常。

c）大多数时候吧。

18. 你是否觉得自己能够为世界的未来做出有价值的贡献？

a）是，我确信这一点。

b）不，我很怀疑。

c）我希望如此，但我不确定。

19. 你擅长克服逆境吗？

a）不擅长。

b）是，我可以克服一切困难。

c）困难的时候，我会努力的。

20. 你对自己的能力非常自信吗？

a）是，我从来没有怀疑过自己的能力。

b）我通常很自信。

c）不，我容易怀疑自己的能力。

21. 你经常努力发展自我吗？

a）是，一直都在努力。

b）我对此考虑得很多。

c）不，我没有那么操心。

22. 你对新知识非常渴求吗？

a）不，我不太学习新知识。

b）是，我总是对发现新知抱有很大的热情。

c）我非常有兴趣拓展自己的知识。

23. 你与自己领域内的最新发展保持同步吗？

a）当然了，始终同步。

b）不，我没有时间。

c）我设法赶上时代的发展，但不总是成功。

24. 在你有特长的领域，人们向你咨询吗？

a）是，经常咨询。

b）不，从没有人来咨询我。

c）有时会有。

25. 你知道自己有多聪明吗？

a）是，我测试了自己的智商，得分非常高。

b）是，我认为我非常聪明。

c）不，我从来不操心这事。

得分

	1	2	3		1	2	3		1	2	3
1.	b	c	a	10.	b	c	a	19.	a	c	b
2.	a	c	b	11.	a	b	c	20.	c	b	a
3.	c	a	b	12.	b	c	a	21.	c	b	a
4.	b	a	c	13.	a	c	b	22.	a	c	b
5.	b	c	a	14.	a	b	c	23.	b	c	a
6.	a	b	c	15.	b	c	a	24.	b	c	a
7.	a	b	c	16.	a	b	c	25.	c	b	a
8.	b	c	a	17.	b	c	a				
9.	b	c	a	18.	b	c	a				

得分与评析

本测试最高分为 75 分。

- **70—75 分**

你自我感觉良好，而且对于自我价值有非常明智的见解。

- **65—74 分**

你没有太多疑虑的痛苦，但你非常聪明地知道自己不是一直正确。

- **45—64 分**

你对于成为天才没有真正的自信。

- **44 分以下**

你对自己没有太多的看法。放心吧，你不是一个天才。

◎远　见

要想成为天才，你必须要有远见。你有远见吗？他人看不到的潜在事物，你能看到吗？你理解问题比他人深入吗？尝试下面的测试，看看你是否有天才的远见。

1. 你理解的事物，是否其他人经常不理解？

 a）是，总是有这样的情况发生。

 b）我有时有那样的经历。

 c）不，我没有这样的情况。

2. 你可以看到一些他人忽视的细节吗？

 a）不，没有。

 b）是，我就是这样的人。

 c）有时会有。

3. 你有他人不理解的想法吗？

 a）不，从来没有。

 b）总是有。

 c）偶尔有。

4. 你认为自己很超前吗？

 a）我不这样认为。

 b）多少有一点吧。

 c）毫无疑问。

5. 你会因为人们跟不上你的节奏而变得不耐烦吗?

a）不，我没有发生过这样的事。

b）发生过，但不经常。

c）是，我就是那样的人。

6. 你认为自己是一个有远见的思想家吗?

a）是，肯定是。

b）不，我不能这么说。

c）我有这样的时候。

7. 你总有聪明的想法吗?

a）总是有。

b）很少有。

c）有时有。

8. 你经常感觉自己会发展一些新概念吗?

a）不，没有。

b）是，总是。

c）十分经常。

9. 是否他人感觉你有一些新奇的事情要讲?

a）是，我认为他们有这种感觉。

b）不，我怀疑这一点。

c）这是众所周知的。

10. 你是一个大家公认的革新者吗?

a）不，我不敢那样讲。

b）是，当然是了。

c）也许有时是吧。

11. 你的思想以任何形式出版过吗？

a）是，经常。

b）是，有过一两次。

c）不，从来没有。

12. 你为自己超前的思维不受人理解而感到失望吗？

a）我没有这样的情况。

b）是，我都快疯掉了。

c）我有时有这样的问题。

13. 你的思想在国外也很著名吗？

a）根本没有。

b）是，我有国际声誉。

c）在海外，只有少数人知道我。

14. 你发展过一些有全球影响力的概念吗？

a）有一两个。

b）没有。

c）是，当然我的工作在世界上可重要了。

15. 对于在你所研究领域的高级专家面前做讲座，传达你的思想，你有足够的信心吗？

a）我经常这样做。

b）不，还是不要了吧。

c）我也许会鼓起勇气。

16. 你能够用大家都能够理解的通俗的语言解释自己的思想吗?

a）是，我想我可以。

b）我的思想非常复杂，不是外行人能够理解的。

c）我也许能够解释，但会很难。

17. 你期望100年后的人们仍然听到你的名字吗?

a）不，我认为不会这样。

b）他们也许已经听到了。

c）是，除非他们生活在修道院。

18. 你的思想会为我们的生活方式带来变革吗?

a）我希望如此。

b）我不信。

c）不会才怪呢。

19. 人们是否因为不能够理解你的思维程序而嘲笑过你?

a）是，但谁在乎这些呢?

b）有时这是一个问题。

c）不，没有。

20. 你认为自己有将世界变得更美好的想法吗?

a）我希望如此。

b）我不确定。

c）我毫不怀疑这一点。

21. 你能够构想一些变革当今科学、数学或哲学的概念吗？

a）当然可以了。

b）我也许可以吧。

c）不，我认为不可能。

22. 你是一个艺术家，你的想象力会改变人们看待艺术的方式吗？

a）是，那就是我生活的使命。

b）不，我不是那样的一个人。

c）我希望有这样的事发生，但我不确定。

23. 你感觉自己体内有天才的种子吗？

a）我对此表示怀疑。

b）我认为可能有。

c）我每天都这样跟自己说。

24. 你的思想会在自己的有生之年被人赏识吗？

a）可能不会。

b）可能会。

c）最好会。

25. 你有被公认的地方吗？

a）不完全有。

b）是，我想有。

c）是，但我将来会有更多。

得分

	1	2	3		1	2	3		1	2	3
1.	c	b	a	10.	a	c	b	19.	c	b	a
2.	a	c	b	11.	c	b	a	20.	b	a	c
3.	a	c	b	12.	a	c	b	21.	c	b	a
4.	a	b	c	13.	a	c	b	22.	b	c	a
5.	a	b	c	14.	b	a	c	23.	a	b	c
6.	b	c	a	15.	b	c	a	24.	a	b	c
7.	b	c	a	16.	a	c	b	25.	a	b	c
8.	a	c	b	17.	a	b	c				
9.	b	c	a	18.	b	a	c				

得分与评析

本测试最高分为 75 分。

- **70—75 分**

是的！你确实是一个有远见的思想家。你完全相信自己的远见，这对于一个天才来说很重要。

- **65—74 分**

你对自己有远见的状况非常确信，但不免有一点自我怀疑。

- **45—64 分**

你的远见够不上做天才。你有好的主意，但是到最后你明白自己加入不了天才的行列。

- **44 分以下**

不要放弃白天的工作。

素质训练馆

这一章的内容能够激发你大脑灰色细胞的活力，从而锻炼你的智力。我们这里不仅仅只是选择了一些谜题。那么，有自尊的天才仍然需要在这上面浪费时间吗？不，本章有些题目相当困难，需要你绞尽脑汁，将智力发挥到极致。我们的想法不是仅仅让你获得一些解决这些谜题的乐趣（当然你会乐在其中的），而且还希望你能够洞察到具有非凡智力的人及其解决问题的方法。

这些谜题所具有的一个明显的特点是它们都由非常简单的元素构成——通常只有一些数字或字母。尤其显著的是，用这些简单的元素我们创造出了一些非常复杂的难题，完全可以把一些非常聪明的人难倒几个小时。好了！现在是你进入训练馆操练脑力的时候了。祝你好运！

字母迷宫

这些字母谜题说明，表面上简单的问题在缺少一些信息的时候也可以变得非常复杂。每个谜题的问题都是相同的，你必须从每块云彩中依次取出一个字母，组成一个单词。

1. 这里你需要组成 5 个包含 5 个字母的单词。如果你知道这 5 个单词都与艺术有关，那么就比较容易找了。

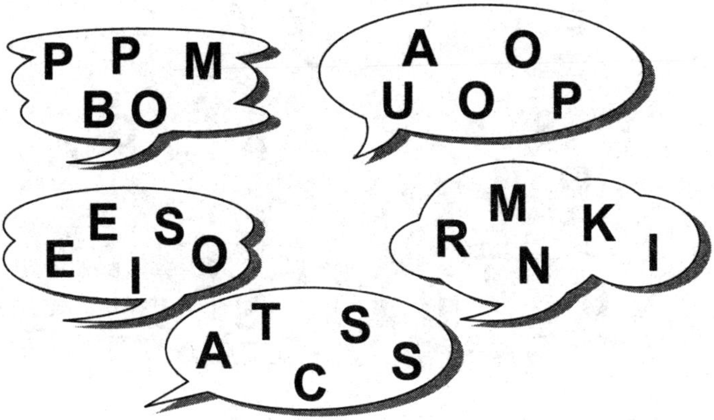

2. 现在看一个不同的题目。这里同样需要你找出 5 个由 5 个字母组成的单词，但没有提示。

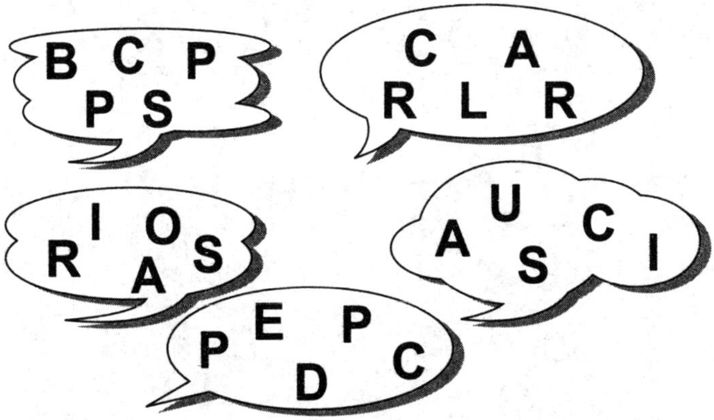

3. 现在尝试一下 6 个字母的单词。同样没有提示。

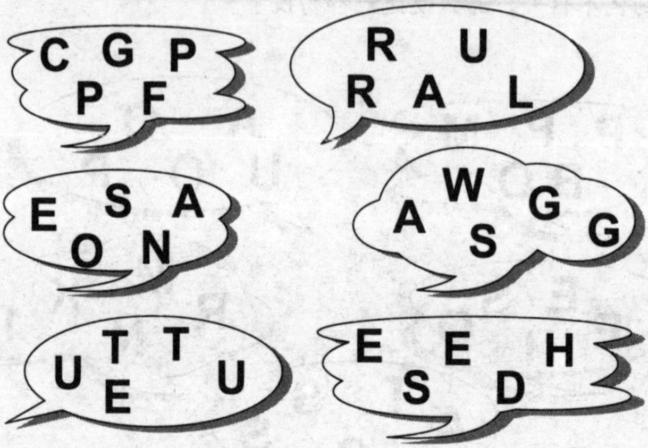

4. 现在做一个真正的测试。这里有一些 6 个字母的单词，但是在每块云彩中我们分配了一些无用的字母。你能够把所有这些单词找出来吗?

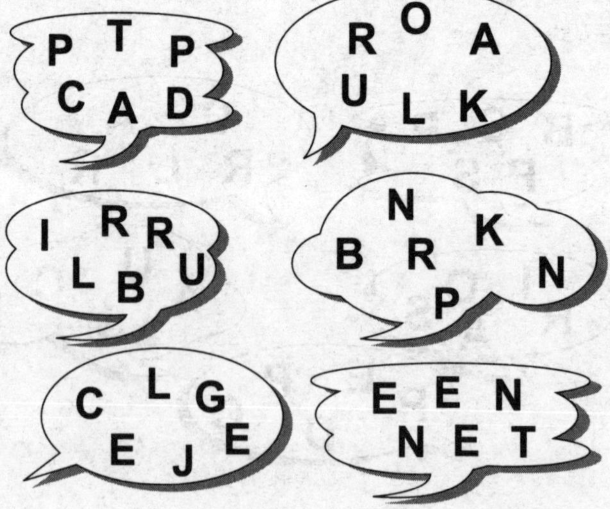

恐怖三角形

朴实无华的三角形谜题既经典又让人喜悦。它最初是由天才哈罗德·盖尔（他后来成为英国门萨俱乐部的总裁，非常受人喜爱）设计的。时间已经过去了许多年，但这种谜题依旧十分流行。其主要的特点是看上去简单，但它的实际难度可能会从天真到残忍——你不能只从表面上判断其难度。它的另一个特点是，在你毫不知情的情况下，它会突然改弦易辙（你将在下面的练习中发现这一点）。基础的谜题只是一个简单的运算，例如，“从B中减去A，然后乘以C，把结果填入三角形的中央。”容易吗？至于你需要花费多长时间才能够解决这么简单的三角形谜题，有时答案也会令你很吃惊。之后，题目就会变难。

当然，这种题目也有很多变形，可以改变你处理数字的方法，也可以改变你放置计算结果的位置。你不必把三角形分裂开来看，你可以把它们联系起来。例如，一个计算结果可以进入下一个三角形。只有当解谜者对这所有问题感觉非常自信的时候，数字就会变成字母。这将意味着什么呢？这些字母可以代表数字（例如，根据它们在字母表中的位置），另外，你也许会发现整个游戏已经变得你认不出来了。

这些谜题之所以在天才训练中非常有用，是因为它们能够教会你保持思维敏捷。绝对不能忽略面前的东西。注意细微之处，但是不要最终只为自己的利益而变得太精明。很难，是吗？但是，如果每个人都能够做，那还有什么乐趣可言呢？

5. 作为起点，下面是一个非常简单的三角形谜题。几秒钟的工夫就可以解决。

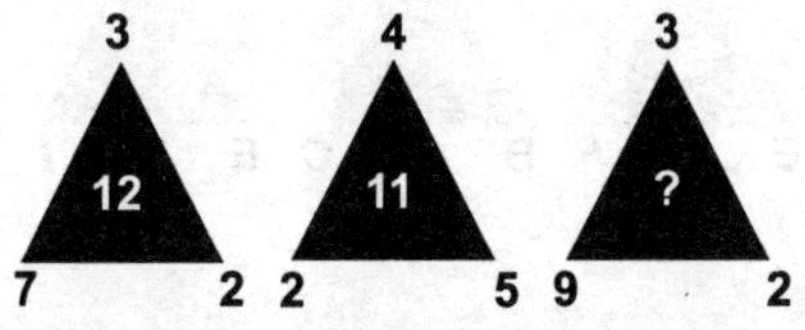

6. 这个谜题稍微难一点。原理一样，但是计算公式可能需要你花费一点时间才能找到。

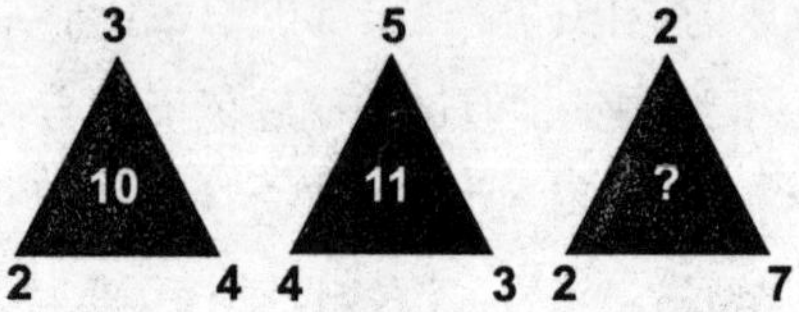

7. 下面我们做个变化。计算公式非常简单，但是我们对答案玩了点小把戏。

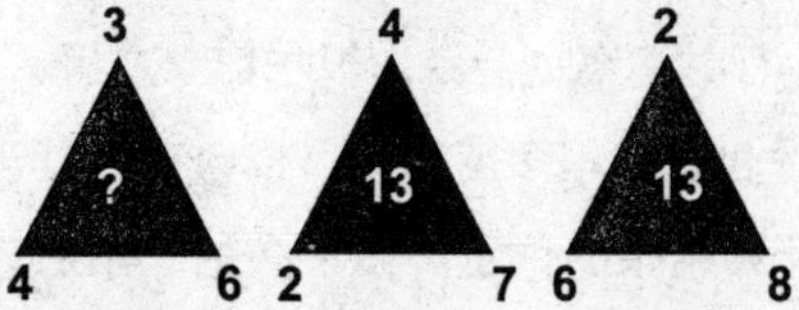

8. 下面谜题的计算公式仍然非常简单，但是我们把问题变得复杂了，你需要灵活应变。

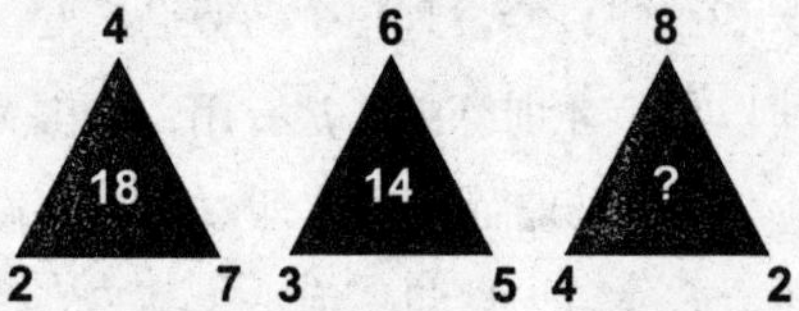

9. 现在我们把数字变成字母。有什么不适应吗？不会真的有麻烦吧？一定要小心。

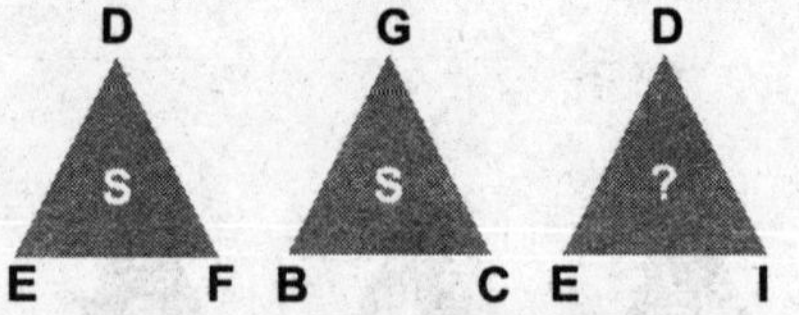

10. 现在你是否摸出了点门道？再来做一个。

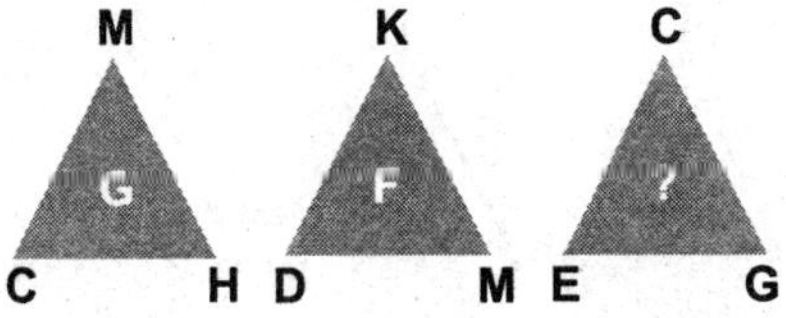

11. 什么鬼东西！出什么差错了吗？你以为自己可以把一切弄明白吗？

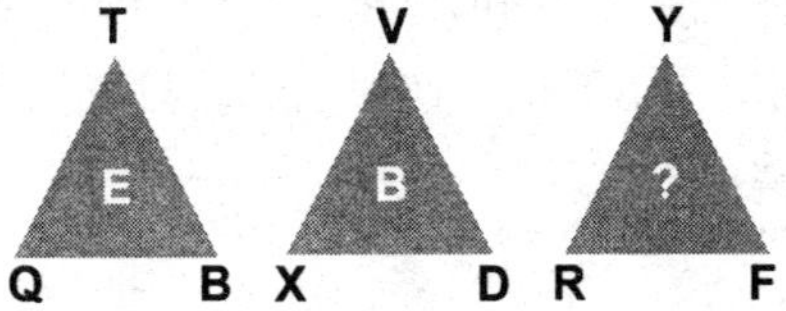

12. 通过前面的几个题目，也许现在你已经猜出来答案了，但是这次的公式非常有趣。

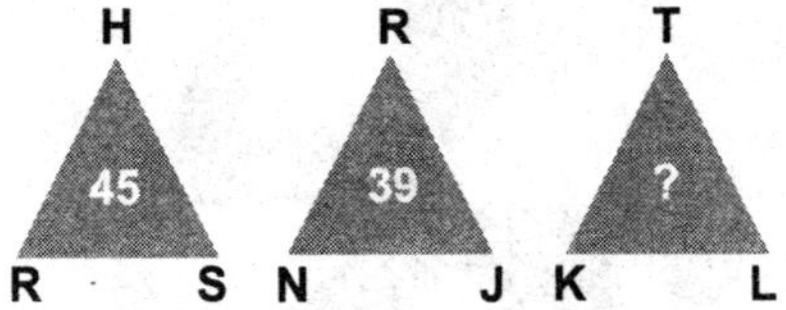

13. 现在又有什么新花样呢？这次你需要观察新的情况。不要老让自己的思维沿着同一轨道前进。

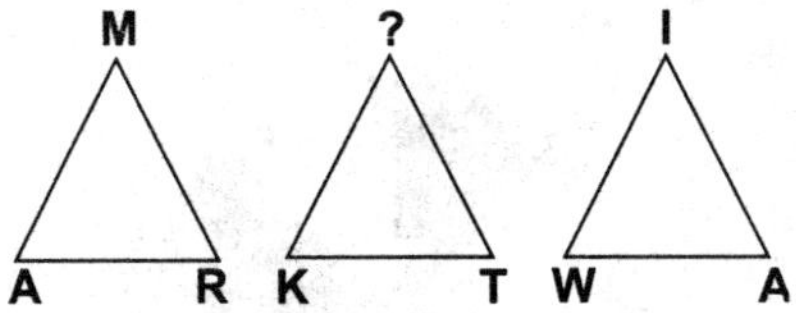

14. 即使是在人们知道了这种题目的原理之后，他们还会忽略显而易

见的东西。

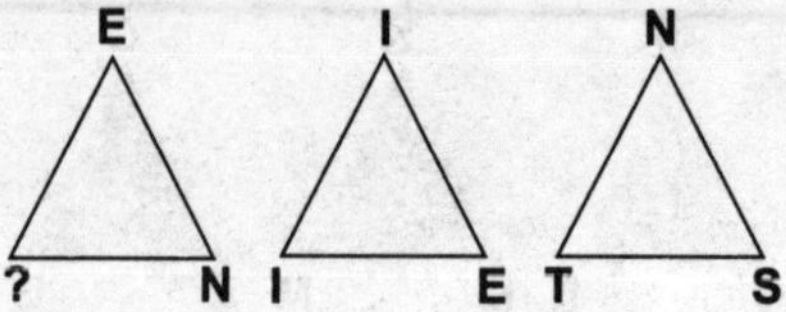

圆圈

像三角形谜题一样，下面的圆圈也能够做出许多变化，而且难度不断增加。教训相同：不要把一切想当然。只有保持开放的思维，你才能够解开下面的难题。

15. 下面只是一个简单的运算。这里只是一个小小的变化；但是，即使如此，你也需要几秒钟的时间去解决。

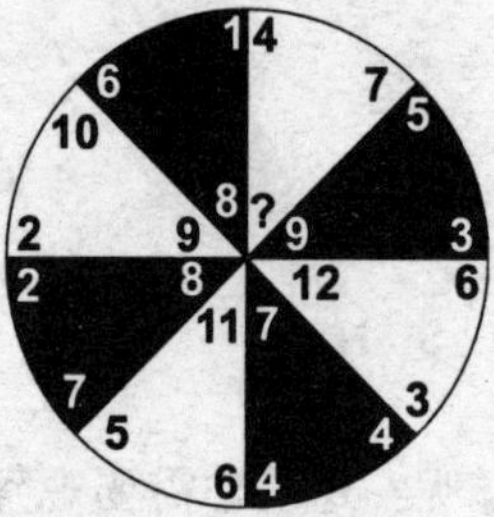

16. 下面是一个十分简单的变形。只需几秒钟便可解决。

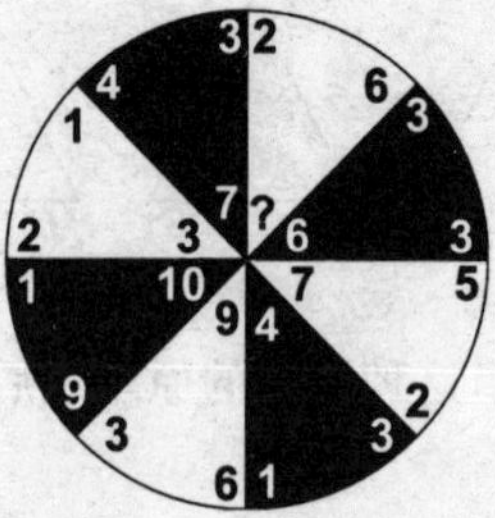

17. 下面的原理与前面相同，但有所变化。

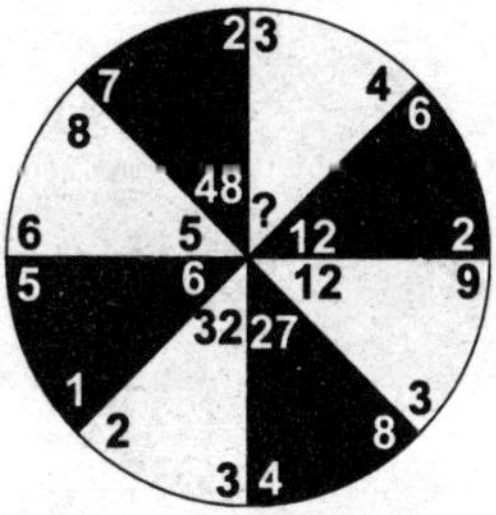

18. 现在需要做些较难的题目了。运算很简单，但是有关的逻辑需要费点脑筋。

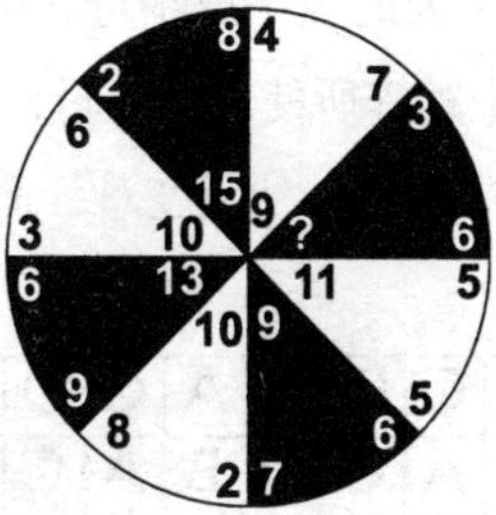

19. 现在我们来啃点硬骨头。这里的运算同样非常简单，一个5岁的小孩都能做，但是其中的逻辑是相当费力的。

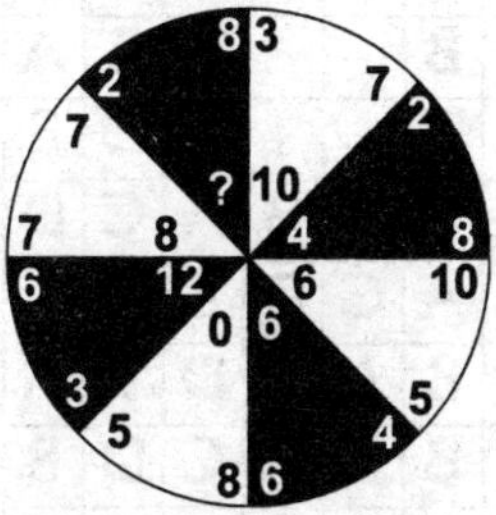

20. 又一个残忍的变形。在你绞尽脑汁解决这个谜题之前，先暂停一

会儿，欣赏一下这个毫无恶意的谜题的多变性。

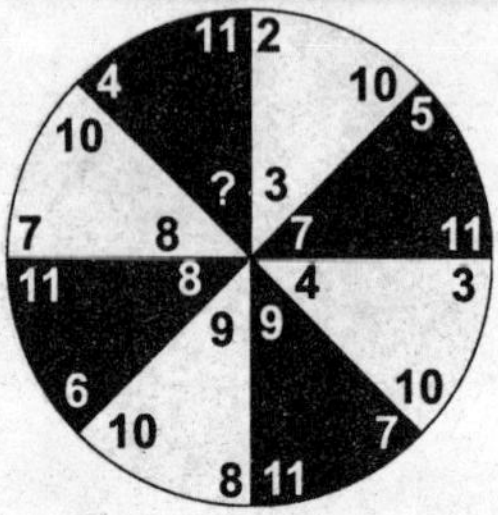

混乱矩阵

下面是一组矩阵。所谓矩阵也就是包含有信息的一个网格。我们在每个网格中填充了一系列的数字或字母，但留出了一些空白。你要做的就是推断出编辑这个矩阵所使用的逻辑，然后将空白处填充完整。

容易吗？是的。开始容易，然后变难，而且越来越难。

21.

A	C	D	B	A	C	D	B	A	C	D	B	A	C	D
B	A	C	D	B	A	C	D	B	A	C	D	B	A	C
D	B	A	C	D	B	A	C	D	B	A	C	D	B	A
C	D	B	A	C	D	B	A	C	D	B	A	C	D	B
A	C	D	B	A	C	D	B	A	C	D	B	A	C	D
B	A	C	D	B	A				A	C	D	B	A	C
D	B	A	C	D	B				B	A	C	D	B	A
C	D	B	A	C	D				D	B	A	C	D	B
A	C	D	B	A	C	D	B	A	C	D	B	A	C	D
B	A	C	D	B	A	C	D	B	A	C	D	B	A	C
D	B	A	C	D	B	A	C	D	B	A	C	D	B	A
C	D	B	A	C	B	B	A	C	D	B	A	C	D	B
A	C	D	B	A	C	D	B	A	C	D	B	A	C	D
B	A	C	D	B	A	C	D	B	A	C	D	B	A	C
D	B	A	C	D	B	A	C	D	B	A	C	D	B	A

22.

1	4	3	2	1	4	3	2	1	4	3	2	1	4	3
4	1	2	3	4	1	2	3	4	1	2				2
3	2	1	4	3	2	1	4	3	2	1				1
2	3	4	1	2	3	4	1	2	3	4				4
1	4	3	2	1	4	3	2	1	4	3	2	1	4	3
4	1	2	3	4	1	2	3	4	1	2	3	4	1	2
3	2	1	4	3	2	1	4	3	2	1	4	3	2	1
2	3	4	1	2	3	4	1	2	3	4	1	2	3	4
1	4	3	2	1	4	3	2	1	4	3	2	1	4	3
4	1	2	3	4	1	2	3	4	1	2	3	4	1	2
3	2	1	4	3	2	1	4	3	2	1	4	3	2	1
2	3	4	1	2	3	4	1	2	3	4	1	2	3	4
1	4	3	2	1	4	3	2	1	4	3	2	1	4	3
4	1	2	3	4	1	2	3	4	1	2	3	4	1	2
3	2	1	4	3	2	1	4	3	2	1	4	3	2	1

23.

F	X	F	X	P	F	A	L	P	F	F	X	F	X	P
A	P	A	L	X	X	P	L	X	P	A	P	A	L	F
L	L	A	A	F	F	A	A	L	L	L	L	A	X	X
P	X	L	P	X	X	L	A	P	A	P	X	A	F	A
F	P	L	A	F	P	X	F	X	F	F	L	P	L	P
F	A	L				X	F	X	P	P	L	P	L	F
X	P	L				P	A	L	F	A	F	A	X	L
F	A	A				L	A	X	X	X	X	A	A	P
X	L	A	P	A	P	X	A	F	A	F	L	X	F	L
P	X	F	X	F	F	L	P	L	P	P	F	X	A	P
F	X	F	X	P	P	L	P	L	F	P	A	X	F	P
A	P	A	L	F	A	F	A	X	L	L	F	X	L	F
L	L	A	X	X	X	X	A	A	P	P	A	A	X	X
P	X	A	F	A	F	L	X	F	L	L	X	A	F	A
F	L	P	L	P	P	F	X	A	P	F	L	P	L	P

24.

Z	T	A	B	X	Z	T	A	B	X	Z	T	A	B	X
Z	T	A	B	X	Z	T	A	B	X	Z	T	A	B	Z
X	B	X	Z	T	A	B	X	Z	T	A	B	X	X	T
B	A	B	X	Z	T	A	B	X	Z	T	A	Z	Z	A
A	T	A	Z	T	A	B	X	Z	T	A	B	T	T	B
T	Z	T	X	X	Z	T	A				X	A	A	X
Z	X	Z	B	B	Z	T	A				Z	B	B	Z
X	B	X	A	A	X	B	X				T	X	X	T
B	A	B	T	T	B	A	T	Z	A	T	A	Z	Z	A
A	T	A	Z	Z	A	T	Z	X	B	A	B	T	T	B
T	Z	T	X	X	B	A	T	Z	X	B	X	A	A	X
Z	X	Z	B	A	T	Z	X	B	A	T	Z	B	B	Z
X	B	X	B	A	T	Z	X	B	A	T	Z	X	X	T
B	A	T	Z	X	B	A	T	Z	X	B	A	T	Z	A
A	T	Z	X	B	A	T	Z	X	B	A	T	Z	X	B

25.

P	V	T	U	U	V	B	C	C	T	V	A	A	B	V
A	C	V	T	P	A	T	B	U	P	B	V	C	U	P
B	P	C	V	V	U	A	V	V	C	P	T	T	V	A
V	B	A	P	V	V	P	U	T	V	U	C	A	V	B
A	B	V	P	P	V	T	U	U	V	B	B	P	C	V
C	U	V	V	A	C	V	T	P	A	C	V	T	P	A
T	A	U	B	B	P	C	V	V	T	U	U	V	B	C
B	T	C	A	V	B	A	P	U	T	V	U	C	B	T
C	T	V	A	A	B	V	V	C	P	T	T	A	U	B
U	P	B	V	C	U	P	B	V	C	U	V	V	A	C
V	C	P	T	T	V	A	A				P	V	T	U
T	V	U	C	A	V	B	A				P	U	T	V
U	V	B	B	P	C	V	V				V	C	P	T
P	A	C	V	T	P	A	T	B	U	P	B	V	C	U
V	T	U	U	V	B	C	C	T	V	A	A	B	V	P

26.

3	9	5	6	4	2	3	9	5	6	4	2	3	9	5
2	4	2	3	9	5	6	4	2	3	9	5	6	4	6
4	6	4	2	3	9	5	6	4	2	3	9	5	2	4
6	5	6	3	9	5	6	4	2	3	9	5	6	3	2
5	9				2	3	9	5	6	4	6	4	9	3
9	3				4	2	3	9	5	2	4	2	5	9
3	2				6	3	9	5	6	3	2	3	6	5
2	4	2	5	9	5	2	4	6	4	9	3	9	4	6
4	6	4	9	3	9	3	2	4	2	5	9	5	2	4
6	5	6	3	2	4	6	5	9	3	6	5	6	3	2
5	9	5	2	4	6	5	9	3	2	4	6	4	9	3
9	3	9	3	2	4	6	5	9	3	2	4	2	5	9
3	2	4	6	5	9	3	2	4	6	5	9	3	6	5
2	4	6	5	9	3	2	4	6	5	9	3	2	4	6
3	2	4	6	5	9	3	2	4	6	5	9	3	2	4

横向思维

“横向思维”（lateral thinking）是心理学家和作家爱德华·德·波诺（Edward DeBono）在20世纪70年代杜撰的一个术语。它描述的是一种逻辑的变化，帮助思考者得出一个结论，而这个结论凭借我们惯用的单调乏味、按部就班的逻辑思维是得不出的。

曾经有一度，横向思维问题非常受学生和青年专业人士的喜爱，经常把它作为团体游戏玩。如果你年龄足够大，读过《万有引力之虹》（Gravity's Rainbow），或者穿过喇叭牛仔裤（上次流行的时候），那么你有可能玩过这个游戏。如果是这样的话，那么就当自己是在记忆的航道中漫游，看看你的思维是否如以前一样敏捷。如果下面的题目对你来说是全新的，那么就享受它吧！

27. 两个兄弟分别从一列火车的两头下车，走向售票大厅去和他们的“父亲”会面。三个人都相互热情地招呼后上了一辆轿车，回家了。奇怪的是，在车站相遇之前，他们从来没有见过面。这三个人是谁？他们是怎么在车站认出对方来的？从他们的家庭关系你可以推断出来什么？

28. 索菲有几只小动物（kitten）。她的年轻的主人马克非常高兴。但是，随着小动物的长大，它们不再玩线团，也不到花园里追逐嬉戏，不做任何其他小猫喜欢做的事情。马克非常失望，但是由于只有3岁，他不能理解这些小动物的问题。问题是什么呢？

29. 祖母乔病得很严重，躺在医院里，亲属都围在她的床边。就在中午12点13分，床边的时钟停止了走动，祖母去世了。为什么？

30. 彩妮的老师在最后一节课上病倒了，因此就提早放学了。她回到家的时候，父母还没有下班回来。由于没有钥匙进屋，她就在花园里踢球。很不幸，她把球踢到了客厅的窗户，并且飞了进去。然而，当她父母回来的时候，并没有发现有球的踪迹。如果彩妮曾经从窗户爬进过屋里，那么她是不可能不被碎玻璃割伤的；因此，父母认为不可能是她打破的窗户。球到哪里去了？

31. 一辆小车以每小时 80 多英里的速度向山下冲去，撞在了一堵砖墙上。警察赶来的时候，司机正从容地从撞坏的车里钻出来，手里拿着公文包。除了有几处擦伤之外，他没有什么大碍。“我一生中看到过许多交通事故，”警官说，“照理说，你应该已经死了。”为什么司机能够这么轻松地逃脱？

32. 一位来自西班牙（Spain）的游客胃痛（pains in stomach）。医生出生于果阿（Goa），但几年前（several years ago）在其他地方定居过。当游客回到旅店后，来自以色列（Israel）的旅店女老板正看什么电视节目？

33. 萨姆与他的朋友乔在一起待了好多天。一天，乔不在家的时候，电话响了。当萨姆接起电话的时候，听到有人说：“你必须快速赶到荷兰公园 27 号。带上 beer，我们需要它。”说完这些话之后，对方挂了电话。萨姆找了半天，最后在车库里找到了几箱啤酒。装上车后，他赶往电话中所说的地址。但当他赶到的时候，他发现自己犯了一个可怕的错误。这个错误是什么？

34. 一位老师决定给学生们布置一道不寻常的问题。他给同学们看了一只木箱子（有盖），并且说出了下面的问题：“我往这个箱子里放某样东西可以使它变得更轻。事实上，这样的东西我放得越多，箱子就会变得越轻。而且，无论我往这个箱子里放多少这样的东西，箱子总是空的。这是什么东西？”

35. 贝基和她的家人都非常虔诚。事实上，他们从来没有错过一次礼拜。一个星期天，发生了一场严重的事故。一架轻型飞机撞到了贝基家人一直去做礼拜的那幢大楼。飞行员遇难，许多人受伤。贝基的姨妈在地方新闻报道中看到了这起事故，立即给贝基的母亲打电话，说，“你有幸逃过了一劫，是吗？”她怎么知道贝基全家没有受伤？这不曾在电视中报道过，而且在事故发生之后贝基全家也没有与任何人联系过。

36. 一个意大利的犹太人家庭移民到了以色列，开了一家餐馆。他们为自己的餐馆想出了一个新奇而又充满智慧的名字，把他们的种族背景与民族食品结合了起来。他们为餐馆起的名字是什么？（提示：是一个依地语单词；无论种族，大多数人都知道这个单词。）

金字塔

金字塔谜题是另一种适应性非常强的谜题。事实上，它只是一些三角形谜题的集合，它可以让谜题编纂者引入一些较复杂有趣的计算公式，从而增加解题的难度。同样，这里的运算仍然非常简单，真正测试的目的在于让你找出三角形序列的规律。

37. 第一个谜题非常简单。你需要找到一个简单序列的逻辑，然后解开填充三角形所用的顺序。

1 2 3

38. 下面的序列有一定的难度。

1 2 3

39. 下面的序列非常简单，但是使用的三角形变难了。

1 2 3

40. 现在你应该已经知道其中的窍门了吧。

1 2 3

41. 下面是另一个谜题，解题方法同上。

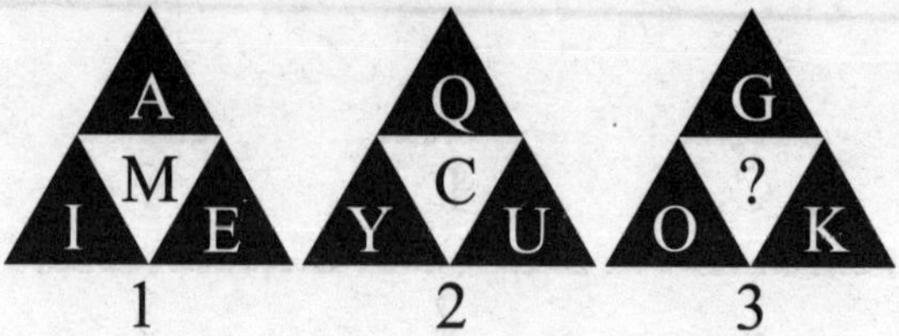

42. 你认为自己现在已经行了吗？试试这个。

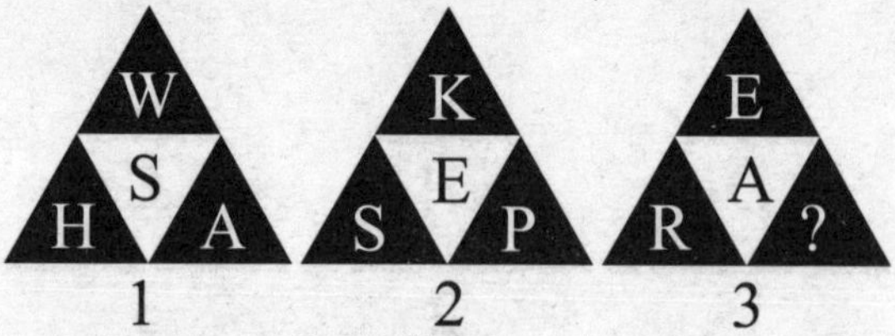

43. 现在考虑下面这个谜题。注意到什么不同了吗？

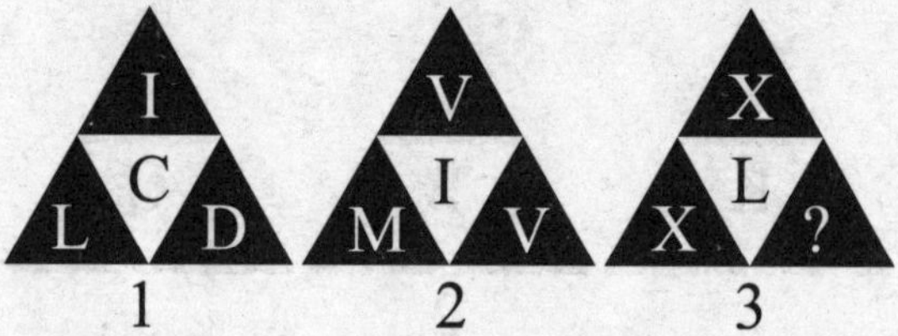

正方形

我们从前面的内容已经可以明白，仅仅用几个三角形就可以创建出真正有挑战性的谜题。那么用正方形又会创建出什么样的难题呢？在等式中多加一个数字，图形中多一个角，解题的可能性几乎是极小的。尝试几个题目，看看你做的结果如何。要解决这些题目，你应该想象每个正方形的四个角标记有字母 A、B、C、D，从左上角开始顺时针旋转。

44.

3		2	4		3	5		6	4		4
	6			11			17			?	
5		6	2		4	1		3	3		2

45.

3		6	8		4	6		4	3		2
	18			64			41			?	
2		7	3		5	2		5	2		3

46.

9		3	2		8	4		5	6		4
	21			20			25			?	
4		6	7		3	2		9	3		7

47.

8		3	6		1	4		4	2		6
	19			4			16			?	
4		2	5		8	3		7	5		9

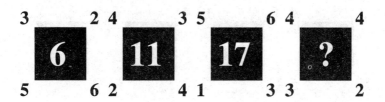

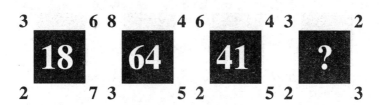

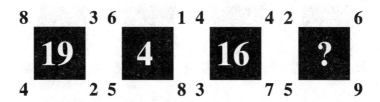

48.

3		4	6		13	4		6	9		3
	32			29			22			?	
10		5	12		2	8		14	7		10

49.

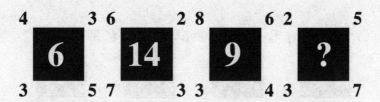

4		3	6		2	8		6	2		5
	6			14			9			?	
3		5	7		3	3		4	3		7

50.

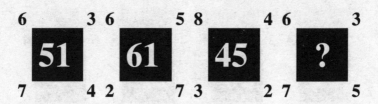

6		3	6		5	8		4	6		3
	51			61			45			?	
7		4	2		7	3		2	7		5

51.

4		6	9		2	5		3	8		2
	8			30			26			?	
8		2	3		7	1		6	2		4

网格

这些网格可以有许多种变换形式。前几个是空间推理谜题，后几个需要你找出字母间的联系。最后几个网格中隐藏有单词，需要你找到。

52. 下面是一个简单的空间推理谜题。找出网格中圆点移动的顺序。

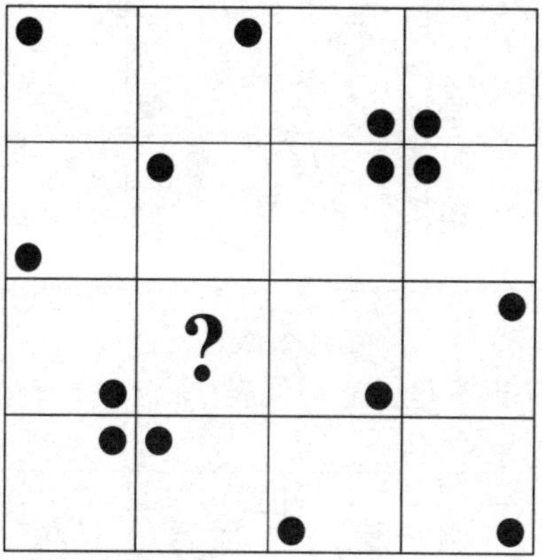

53. 下面一个稍微难一些。

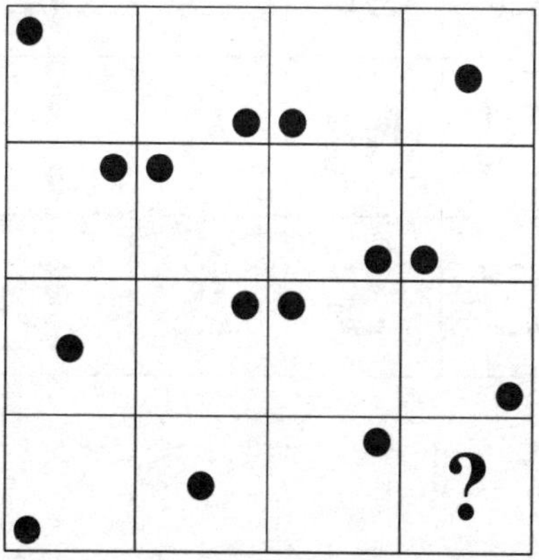

54. 下面一个更难，但还是要求你找出圆点移动的顺序。

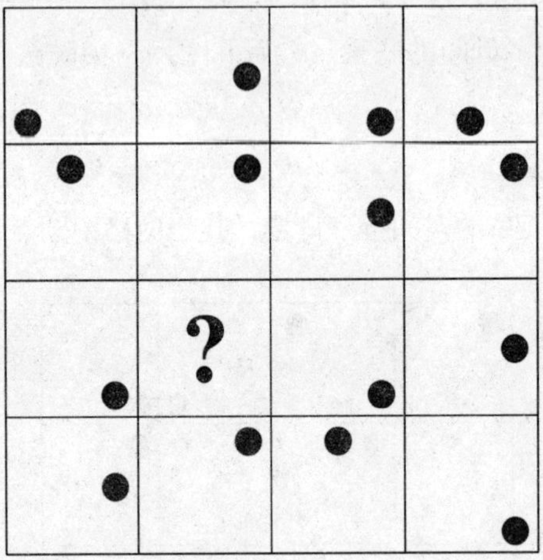

55. 仔细观察网格中的字母，它们代表什么?

J	F	M	A
D	W	S	M
N	M	S	J
O	S	A	J

56. 再次观察下面网格中的字母。它们代表什么？考虑 2000 年夏季的运动会。

P	R	E	G
I	T	B	S
S	Y	N	S
H	F	C	D

下面的网格中都隐藏有单词。困难的是你不知道每个单词有多少个字母，现在要求你找出符合某些主题的词语。58、61、67 中有两个单词，68 中有一个单词，其他每个网格都包含有三个单词。找单词的时候，不能有任何字母剩余。注意：有些单词不经常使用。

57. 主题：①音乐 ②音乐 ③音乐

S	V	E	Z
A	T	H	Y
R	E	M	S
A	E	N	R

58. 主题：①化学 ②音乐

C	K	S	P
M	E	O	L
E	R	I	N
A	L	O	A

59. 主题：①手工艺 ②人的品质 ③宗教

B	R	U	J
E	E	A	G
L	E	E	N
Z	J	C	E

60. 主题：①游戏 ②时间间隔 ③动物

P	U	S	U
U	T	I	L
Q	N	M	T
U	R	G	E

61. 主题：①化学 ②商务

K	R	N	N
E	E	G	R
I	E	D	M
T	T	A	O

62. 主题：①人的品质 ②领导 ③职业

M	I	D	A
M	S	K	S
N	I	B	U
Y	M	R	A

63. 主题：①传奇故事 ②解剖学 ③宗教

N	G	L	E
M	A	O	I
R	C	O	U
L	G	I	C

64. 主题：①天文学 ②动物 ③宗教

N	J	N	A
Y	B	U	U
L	E	E	B
L	E	N	B

65. 主题：①矿物 ②解剖学 ③行为

P	W	P	O
X	O	Z	X
I	A	R	N
E	A	N	C

66. 主题：①语言 ②植物 ③矿物

T	O	R	U
R	I	H	D
C	I	R	D
U	E	U	L

67. 主题：①行为 ②倾向

A	T	B	B
R	E	H	I
O	A	I	T
L	E	T	S

68. 主题：性质

B	A	R	D
E	A	L	G
T	O	I	I
D	Y	B	I

分割

下面的题目中网格被分割成了几个总数接近的符号单元，每个符号分配一个数值。有时符号的数值已知，有时单元边界已知。你需要找出缺失的信息。

69. 用三条直线把下面的网格分为 6 组，保证每组符号的总和等于 16。

70. 用两条直线把下面的网格分为4组，保证每组中符号的总和等于22。

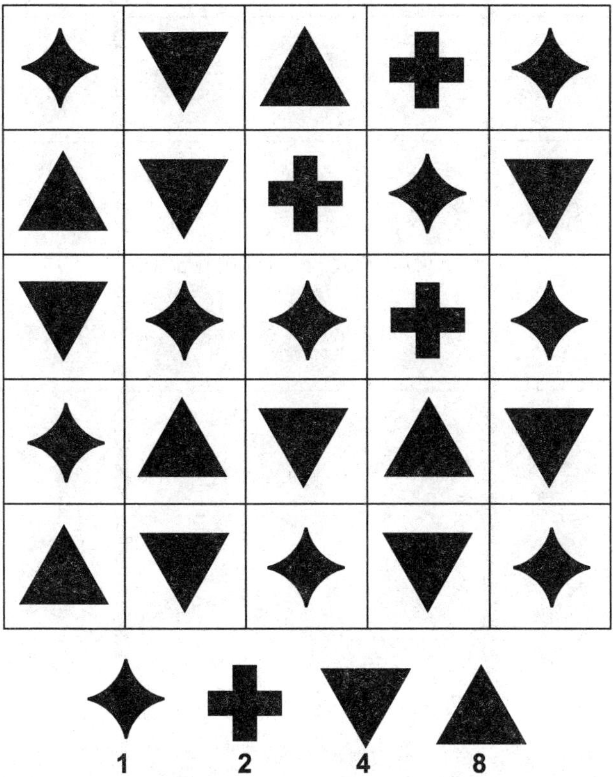

71. 下面的每种螺旋形符号都有一个特定的数值。空格处应该填充什么样的螺旋形符号，才能够保证每个小组的总和都为 25？

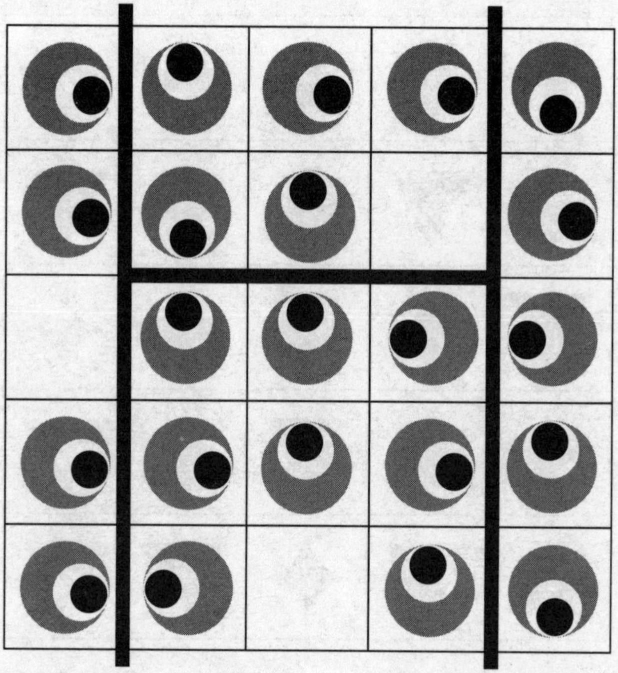

72. 下面每个有图案的正方形都有一个特定的数值。空白正方形内应该填入什么样的图案，才能够保证每个小组的总和都为 32？

73. 网格的切割如下图所示。如果每个小组的总和为 36，那么，每条鱼代表的数值是多少？

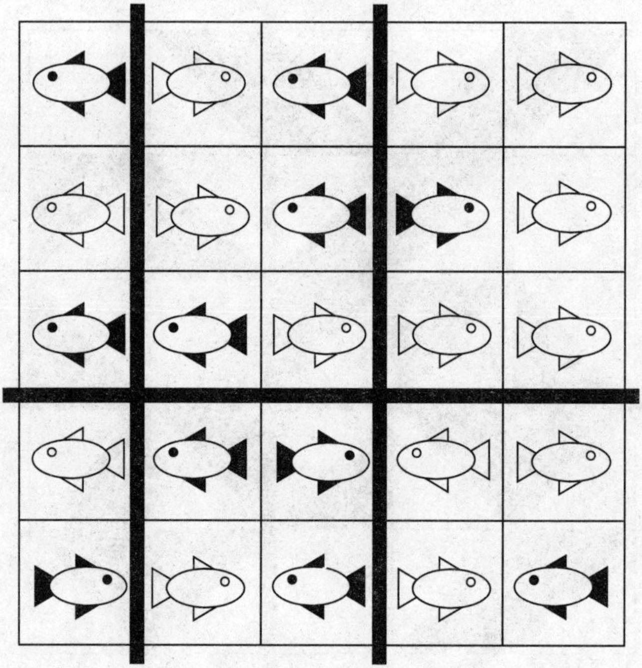

74. 网格的切割如下图所示。如果每个小组的总和为 21，那么，每种花色的纸牌代表的数值是多少？

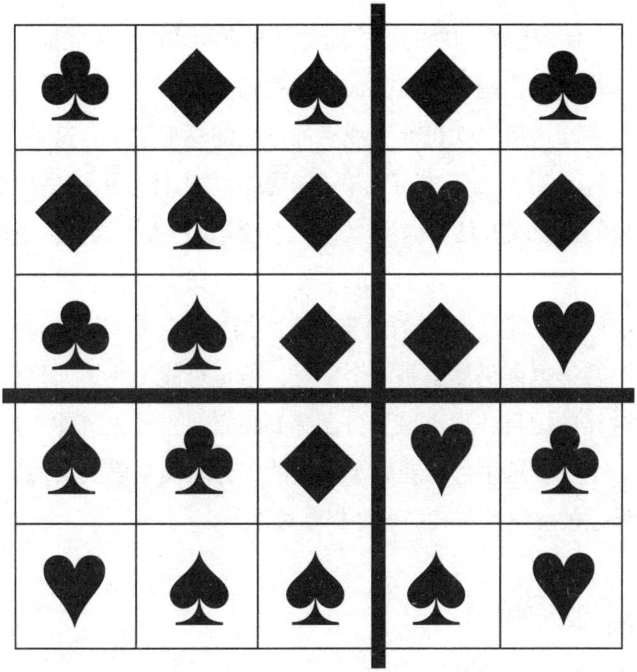

星形杀手

许多年前，门萨和《伦敦时报》共同组织了一次名为“《伦敦时报》智力锦标赛”的比赛。比赛分几轮进行，难度越来越大。只有强者能经受得住考验。虽然许多参赛选手都非常聪明，但是最终只可能有一个人胜出。门萨的谜题专家哈罗德·盖尔和罗伯特·艾伦拿出了他们的杀手锏问题。问题的形式通常是要求参赛者必须完成一个序列，任何晦涩难解的主题都可以变成这种序列。例如，其中有一道题目要求参赛选手知道第二次世界大战后加拿大的总理名字，这是一般的加拿大人在那一时刻也不太可能顺利联想这类事情。关键是你要明白，对于序列的主题没有任何提示。本节将继续这种美好而又古老的传统。下面每个题目中，星形每个角的字母是一组概念上有联系的一系列单词的首字母，但是与“《伦敦时报》智力锦标赛”不同，这里的概念已经给出。答案也许仍然只是一个字母，但也可能不是。如果你能够做对几道这样的题目，你应该为自己感到高兴。不要太沉迷于此！我们以前有一个参赛选手由于花费了大量的工作时间来解决类似这样的谜题，结果他被解雇了。我们可是提醒过你！

75. 提示：考虑政治家

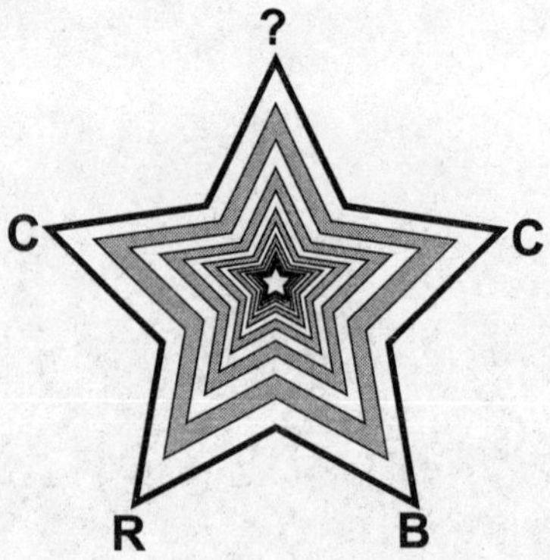

76. 提示：考虑共产主义者

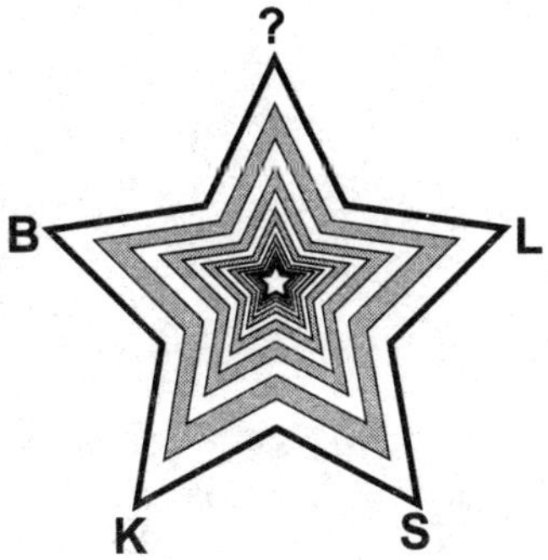

77. 提示：考虑《圣经》

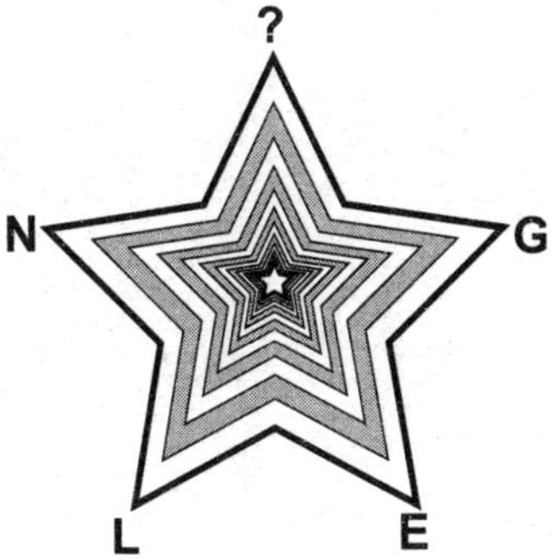

78. 提示：考虑边界

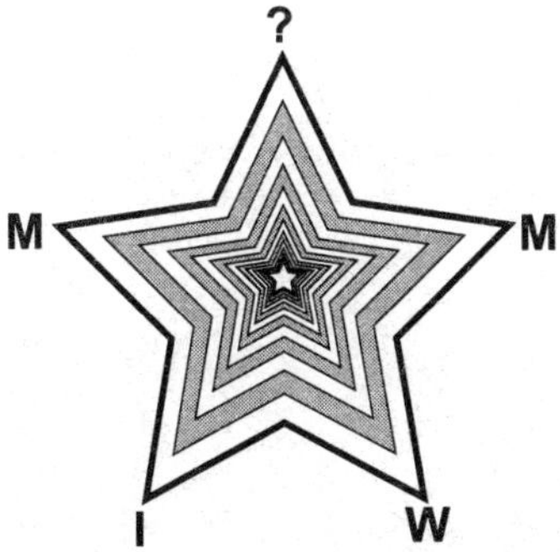

79. 提示：考虑日记

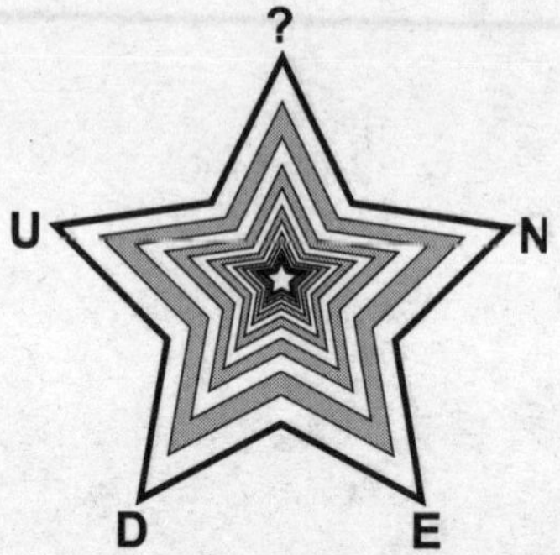

80. 提示：考虑大小

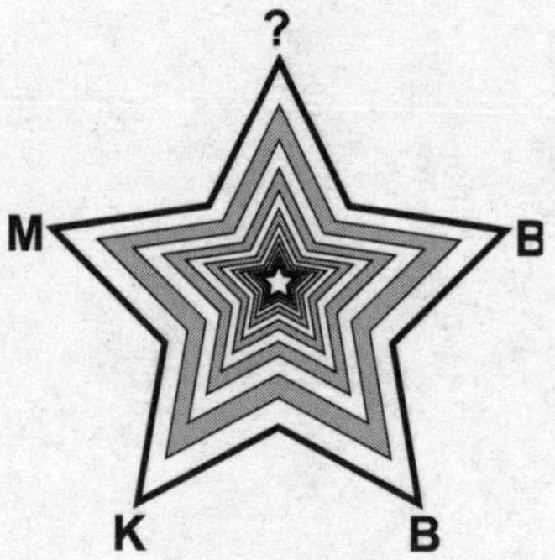

81. 提示：考虑日历

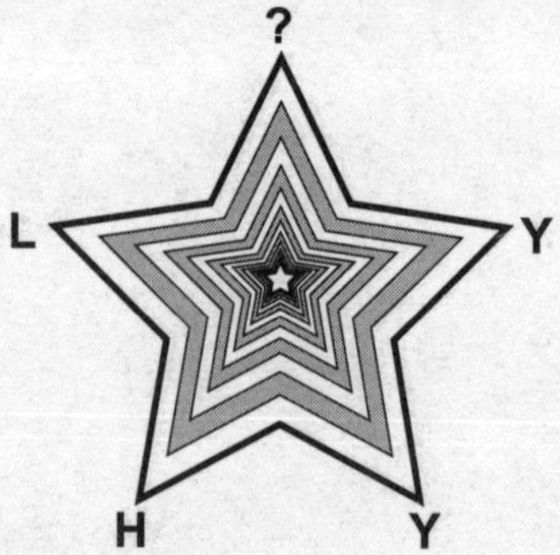

82. 提示：考虑皇室

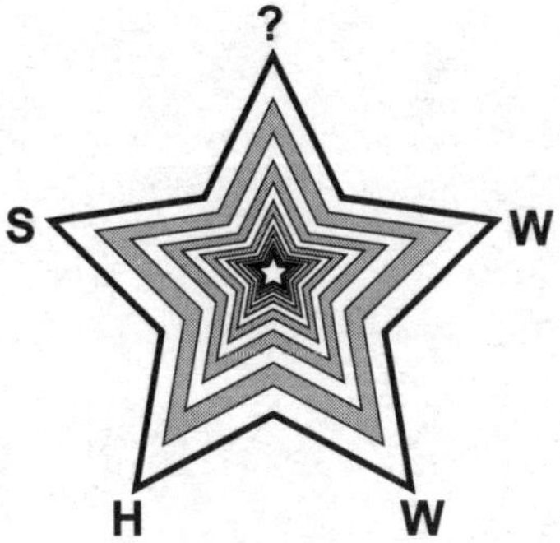

83. 提示：考虑君主制

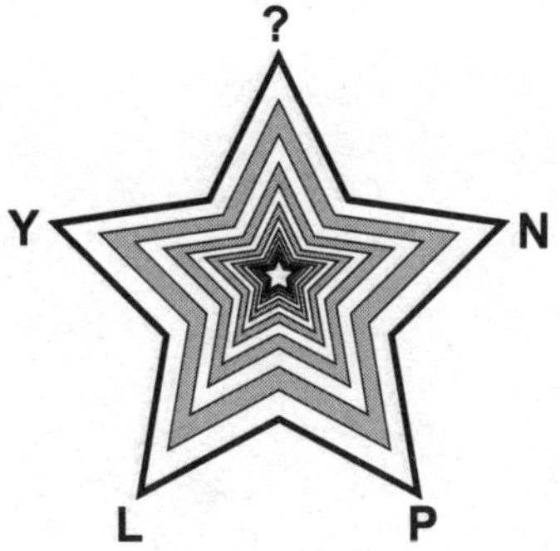

84. 提示：考虑耶稣十二门徒

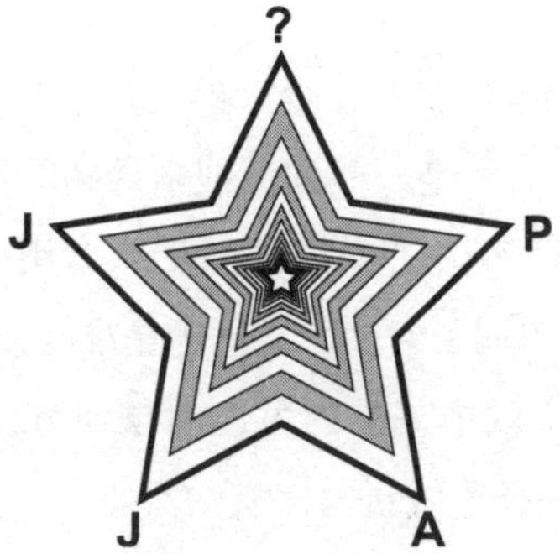

85. 提示：考虑银河系

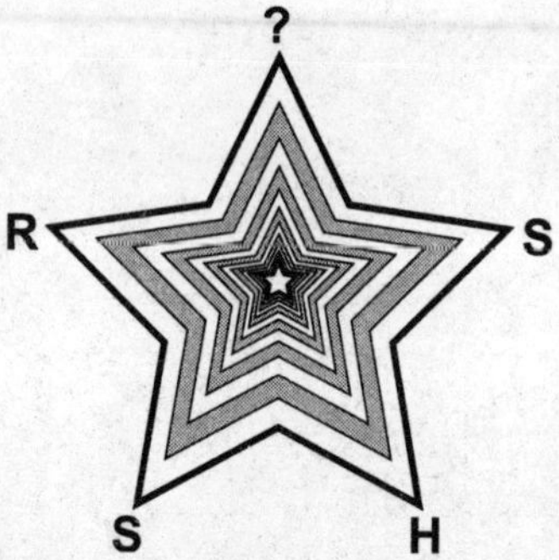

86. 提示：考虑全球

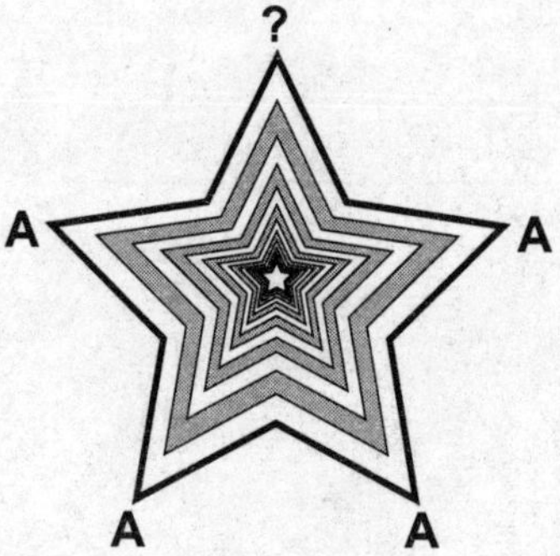

高级词汇搜索

即使是最简单的搜词游戏，全世界人在茶余饭后都玩的游戏，也可以变成天才谜题。下面是一些词汇搜索谜题，但不像你所了解的那样。一开始，这些单词就不是你日常对话中常用的那些。你什么时候说过"busuuti"这个单词了？然而，这还是难度最小的。

在下面的搜词游戏中，单词可以向任何方向拼写（包括向后拼写），但是它们不沿一条直线拼写。有的需要折一个弯，有的需要折两个弯，有的甚至又折回来，有的单词反复地使用相同的几个字母。在每个谜题中，找出方向变化最少的路径。

87.

X	E	T	E	L	P	E	D	T	S	E	D	S	B	V
V	T	R	A	N	S	K	V	O	C	P	I	U	X	I
D	L	A	N	R	C	L	M	N	A	U	T	I	O	N
M	B	M	R	F	R	D	X	T	L	R	S	G	A	C
S	T	V	U	T	I	E	E	M	O	M	E	L	O	G
U	T	R	I	S	B	G	V	A	L	U	A	O	T	V
X	S	R	R	M	E	D	N	P	Q	U	V	E	X	A
J	E	S	A	B	R	I	R	B	C	F	G	I	P	T
E	T	G	Q	T	L	B	E	S	L	U	V	N	O	C
J	E	L	R	S	E	I	N	G	U	N	E	A	O	H
U	G	O	A	T	B	G	D	J	I	K	L	N	M	T
N	A	P	T	V	X	U	I	A	B	D	V	C	F	N
E	T	R	M	O	S	P	T	C	A	E	U	E	I	I
P	L	A	U	S	I	B	L	E	X	B	C	D	A	L
X	T	R	S	U	E	M	I	L	B	U	S	P	S	P

TRANSCRIBE	PLAUSIBLE	ABRIDGED	GOLEM
SEDITION	CONVEX	SUBLIME	DEPLETE
CONVULSE	VOCAL	GLOAT	TAGETES
STRATEGIC	JEJUNE	PLINTH	

88.

R	E	D	F	X	S	V	O	U	R	N	O	E	A	I
X	E	V	E	L	E	R	I	A	O	R	M	N	T	H
E	I	B	U	I	U	Q	U	T	S	U	P	V	M	C
L	Q	G	A	O	V	V	L	E	H	A	D	L	A	Y
L	E	R	U	R	L	I	A	X	A	P	E	T	T	E
T	S	T	P	S	B	G	E	X	G	E	V	Q	L	G
A	L	S	R	G	N	A	D	P	S	N	T	S	O	P
I	P	I	P	E	S	M	T	U	Y	I	V	T	D	T
P	P	F	T	U	M	L	S	I	D	C	O	B	I	O
B	U	S	T	N	S	N	T	Q	V	S	C	A	L	I
R	H	U	Q	L	T	A	R	X	T	E	L	C	H	C
S	G	U	T	I	R	E	E	V	A	T	E	T	A	T
B	T	J	P	M	U	I	N	I	H	P	L	E	D	U
O	U	K	L	P	D	D	Y	S	T	G	M	F	G	M
E	U	Q	I	P	E	A	I	X	A	N	I	N	O	R

REBARBATIVE LAYETTE DYSTAXIA FLUVIAL

EXHUME POSTVOCALIC PIPISTRELLE RONIN

DELPHINIUM SERIATE PIQUE MUTATE

BUSUUTI SEPTUM DYSGENIC

89.

R	N	A	L	H	E	L	A	L	I	H	P	O	S	V
E	S	E	O	U	G	I	O	P	T	Y	N	T	O	A
B	M	L	G	I	R	U	I	L	I	E	N	H	R	N
I	M	O	O	M	U	D	L	A	D	E	G	I	D	Y
H	N	P	O	T	O	R	G	C	T	B	Y	Z	E	G
P	R	O	G	E	B	O	O	I	E	J	V	I	N	O
T	A	K	N	R	U	S	R	R	N	D	E	C	R	L
E	L	E	O	N	A	O	B	N	A	E	A	A	E	O
R	E	T	I	O	F	P	M	S	L	L	P	R	T	D
C	P	G	N	C	M	H	I	A	S	P	S	T	S	E
N	R	K	S	U	U	O	T	T	P	I	G	S	O	A
O	S	U	I	H	L	L	S	E	O	O	P	O	P	P
C	M	L	I	Y	P	O	A	G	S	T	E	S	A	T
T	E	O	T	J	G	O	O	R	R	N	X	D	N	O
H	V	A	S	P	X	I	L	E	H	H	E	L	I	I

MUSCULAR	FAUBOURG	DROSOPHILA	GOOGOL
PENITENT	INSPISSATE	OSTRACIZE	POSTERN
MOPOKE	PAEDOLOGY	CONCRETION	HIBERNAL
HELIX	IMBROGLIO	HELIUM	GYVE

90.

U	N	L	Y	L	E	M	I	T	U	N	H	D	L	C
I	U	M	B	R	A	D	A	N	J	N	A	T	U	I
M	T	U	D	E	U	N	E	U	U	E	I	N	B	T
I	N	E	U	S	V	V	D	U	R	V	C	U	N	I
W	U	D	N	R	O	O	E	N	T	I	K	V	U	R
I	N	E	G	O	L	S	L	O	N	G	N	A	N	A
N	H	R	O	H	P	L	E	R	U	J	L	A	C	G
D	O	A	D	N	U	A	N	E	R	U	U	N	T	U
U	L	R	L	U	N	V	A	T	O	H	L	R	R	E
N	U	T	L	E	O	A	N	T	S	A	M	E	D	B
V	N	L	I	E	E	E	U	A	S	L	N	E	M	A
O	T	U	H	F	S	H	P	N	T	B	O	A	M	A
L	O	P	G	R	U	P	S	L	A	S	P	H	N	L
D	U	U	N	L	O	U	T	P	A	R	S	L	P	P
U	N	E	A	L	R	E	C	L	U	R	Y	T	O	U

UMBRA
UNANELED
UNARY
ULTRARED
UGARITIC
ULCEROUS
ULEMA
UNCINATE
UNHORSE
UNTREAD
UPHILL
UPHOLSTER
UNTIMELY
UNWIND
UPHEAVAL

91.

A	M	I	T	E	S	H	R	O	U	B	A	R	H	S
L	D	S	H	I	S	H	L	O	B	R	S	O	D	O
U	U	S	H	N	H	O	N	E	C	H	H	V	M	S
H	O	A	E	T	A	H	S	H	R	G	N	E	H	H
S	R	L	S	O	M	S	E	V	O	A	P	T	C	R
I	H	A	H	I	P	O	A	R	T	L	L	I	I	U
S	H	S	H	O	M	H	S	H	R	E	E	D	V	H
S	H	O	L	G	P	S	H	P	S	L	G	E	O	S
R	A	B	M	U	S	A	S	H	I	L	A	L	K	U
U	L	V	O	N	S	H	R	O	G	K	D	A	H	T
B	B	E	R	Y	S	U	O	D	N	E	T	S	T	M
U	P	L	O	R	H	M	N	I	S	S	N	U	G	T
R	S	L	E	K	E	N	R	A	O	N	S	E	U	O
H	H	S	V	T	R	H	V	H	P	O	T	L	V	H
S	L	M	R	U	S	T	S	S	H	U	T	T	R	S

SHINTO
SHILLELAGH
SHEKEL
SHOSTAKOVICH
SHOGUN
SHOSHONE
SHOTGUN
SHROVETIDE
SHRUBBERY
SHULAMITE
SHRINKAGE
SHUTTLE
SHROVE
SHROUD
SHUSH

92.

E	T	N	I	O	E	E	T	A	T	S	E	T	N	I
R	A	U	R	S	A	I	E	S	L	E	I	N	F	U
G	T	V	L	T	L	P	S	A	L	A	M	L	N	S
L	C	O	R	E	N	U	R	P	S	Z	D	L	O	I
A	C	I	A	L	M	O	F	U	A	E	B	A	D	M
B	L	V	Q	O	I	A	M	N	S	S	T	B	O	V
P	R	O	A	S	R	T	U	V	I	L	R	L	O	O
R	O	P	B	E	R	T	N	E	N	A	A	L	L	G
E	N	O	R	T	I	O	N	S	O	P	O	R	P	N
R	O	B	E	R	T	V	A	L	E	R	I	T	R	I
A	L	L	E	N	A	V	O	H	N	P	L	A	N	M
R	W	A	S	L	D	M	N	N	R	N	R	E	T	A
O	H	E	S	L	B	I	N	S	I	X	Y	O	R	L
U	R	E	A	D	O	R	O	T	V	C	A	B	L	F
G	N	A	L	S	T	U	I	T	A	N	O	T	N	I

ULEMA	PROPONENT	INTERGLACIAL	INFULAE
SLAVONIC	PROPORTIONAL	FLAMINGO	INHERIT
SLALOM	INTONATION	LANGUOR	INFUSION
SLEAZEBALL	INTESTATE	LANTERN	

93.

M	T	I	I	T	A	U	M	E	E	R	M	E	D	I
O	O	S	M	D	O	D	I	O	T	S	E	C	O	T
U	P	E	E	R	E	D	P	D	P	R	U	S	M	A
L	D	D	M	P	U	E	L	E	T	E	O	E	P	T
L	U	C	E	S	M	A	S	C	A	R	I	C	E	D
A	D	R	T	I	T	D	T	E	R	P	U	I	T	E
T	O	M	E	D	E	S	I	L	U	M	D	T	A	C
S	O	R	E	E	D	U	D	E	T	R	O	M	I	T
P	R	S	I	T	P	P	E	R	A	O	S	R	E	S
E	D	O	M	E	T	R	L	A	T	I	S	D	E	Z
E	C	O	M	O	E	I	C	T	E	S	P	R	E	I
C	P	U	P	R	C	I	A	D	T	A	C	E	S	R
M	O	T	M	R	E	T	I	E	E	D	I	L	E	T
L	R	E	S	E	E	A	C	M	A	S	T	T	C	U
E	G	I	B	D	E	T	L	U	A	D	E	O	M	P

DESIDERATUM	DISTEMPERED	DOMESTICATED	PRESELECTED
COMPUTERIZE	DEMODULATOR	DEMASTICATED	RETICULATED
DECELERATES	COMPROMISED	AUDIOMETERS	COMPUTERIZED
DELETERIOUS	COMPETITORS	DUPLICATORS	PREMEDITATED
DEPRECIATED	MOULD-DEPOSIT	MASTERPIECE	SPEEDOMETER

94.

T	R	P	A	S	F	T	R	E	U	A	P	H	A	I
H	O	L	O	E	O	R	U	A	L	S	R	E	O	F
E	O	C	O	R	A	O	T	S	S	G	E	T	B	O
C	A	T	R	E	H	S	E	E	T	E	J	A	M	R
O	S	M	R	C	A	S	R	E	G	A	B	A	O	E
L	T	U	A	E	Y	U	H	R	O	F	T	P	H	L
O	A	C	N	N	A	C	E	O	R	O	C	I	E	D
R	S	H	E	F	L	G	U	U	L	R	L	K	R	O
M	R	D	A	T	R	S	S	N	T	E	B	A	D	V
E	G	U	L	O	V	C	R	O	S	S	R	O	E	S
N	S	R	L	S	L	A	U	G	H	T	A	L	L	G
S	Y	E	C	H	R	S	R	O	A	E	D	O	L	E
E	E	B	R	A	E	R	R	T	K	R	E	C	A	T
D	C	R	R	A	E	S	E	S	T	E	S	G	E	H
R	E	L	A	E	L	L	O	C	A	D	Y	L	L	E

TREACHEROUS DECOLLETAGE REGULATORS HERETOFORE
STOREHOUSE OCTAHEDRAL CHARTREUSE COLORATURA
FORESTALLS SURROGATES REDECLARES SCHEDULERS
SLAUGHTERED RESEARCHERS REALLOCATES CROSSROADS
FORECASTERS FLAGEOLET ORTHOCLASE

素质训练馆答案

1. opera, books, music, paint, poems

2. basic, proud, scrap, price, clasp

3. plague, passed, create, fungus, growth

4. prince, cobble, turret, darken, plunge, 毫无意义的字母组合 AKLPJN

5. 14。在所有这些谜题中，假设把每个三角形标为ABC，从顶点开始顺时针标记。因此这个谜题的答案就是：A + B + C = 14。

6. 12。A × B – C = 12。

7. 16。首先计算出 A + B + C 的值，然后把答案放在下一个三角形中。把最后一个结果放在第一个三角形中。

8. 9。这里我们不再把三角形孤立起来看了，而是把它们看作一个整体。首先计算出 A + A + A 的数值，把结果放在第一个三角形中，然后计算出 B + B + B 的数值，把结果放在第二个三角形中，C + C + C 的计算结果 9 将是你要的答案。

9. V。你应该能够计算出字母代表的是它们在字母表中位置的数值

（A = 1，B = 2，……）。那计算公式就是 A × 2 +（B + C）。

10. B。这次的公式是（A + B）÷ C。

11. M。这次字母表要倒着数了（A = 26，B = 25，……）。计算公式为：A + B － C。

12. 38。

13. N。这道题根本不是计算题。答案是 Mark Twain 的名字围绕着三角形拼写。

14. A。单词 Einstein 围绕着三角形拼写。缺少的字母是什么呢？答案为 Albert 中的字母 A。

15. 11。把每个扇形外围的数字相加，将计算结果放在与其相对那个扇形的中心。

16. 8。把每个扇形外围的数字相加，将计算结果放在它的中心。

17. 14。把每个扇形外围的数字相乘，将乘积放在按顺时针旋转的下一个扇形的中心。

18. 10。将每个扇形外围的数字相加，把计算结果放在按顺时针旋转的相邻第二个扇形的中心。

19. 12。在每个扇形中用外围较大的数字减去较小的数字。将两个数字之差翻倍后放在按逆时针旋转两个位置的那个扇形的中心。

20. 答案为6。将每个扇形外围所有数字的个位数与十位数相加，把结果放在扇形的中心。

21. 序列是ACDB，从左向右贯穿矩阵。

C	D	B
A	C	D
B	A	C

22. 序列是1432，是一个水平的“牛犁地”图案，从一边到另一边，转身返回。

3	4	1
4	3	2
1	2	3

23. 序列是FXALP，呈对角“牛犁地”图案，从左上角开始。

P	F	F
X	P	A
L	L	L

24. 序列是ZTABX，从左上端开始向内螺旋。

B	X	B
B	Z	X
X	T	Z

25. 序列是 PVABCTUV，呈对角“牛犁地”图案，从左上角开始。

B	V	P
P	V	V
U	A	V

26. 序列是 324659，从底部左端开始逆时针呈螺旋线行进。

5	2	4
9	4	6
3	6	5

27. 他们是修道士。两个兄弟由他们的修道会新派往一个他们从未到过的修道院。“父亲”是这个修道院的院长。

28. 这些小动物是小兔子，不是小猫。

29. 祖母戴着呼吸机。时钟与呼吸机在同一电路上，12 点 13 分的时候出现了停电，呼吸机和时钟就同时停止了。应急发电机还没有来得及供电，祖母就死了。

30. 彩妮踢的是雪球。将窗玻璃打破之后，雪球散落在了地毯上。

中央供暖系统首先融化了散落的雪，然后又烘干了地毯上被弄湿的地方。

31. 司机在山顶上轿车失控的时候就跳出了车。他的擦伤是由跌落引起的。他回到车里是想取出自己的公文包。

32. 连续剧（serial）。每个句子中都包含一个由提到的国家名字变换字母顺序后组成的单词：Spain → pains, Goa → ago, Israel → serial。

33. 乔的职业是殡仪员。打电话的人是想让他带一口棺材（bier），读音与啤酒（beer）相同。

34. 洞。

35. 贝基全家是犹太人。出事的前一天即星期六（犹太教的安息日），他们在教堂礼拜。受伤的人全部是过路人。

36. 餐馆的名字是 Pizzazz，相当于 pizza（披萨饼）。

37. 字母 I。在所有金字塔的迷题答案中，数字表示步骤。前进 9 个字母。顺序如下图所示。

38. 字母 N。前进 3 个字母，后退 1 个字母。

39. 字母 J。每次省略 4 个字母。

40. 字母 O。每次省略 2 个字母。

41. 字母 S。每次前进 3 个字母。

42. 字母 E。如果你仔细观察，你可以发现这些字母拼写出来的是 W. Shakespeare。

43. 字母 C。这个序列是罗马数字 IVXLCDM。

44. 13。$(A^2+D)-(B+C)$。

45. 10。$(A^2+C^2)-(D^2+B^2)$。

46. 16。正方形中间的数依次为 A+A+A+A，B+B+B+B，……

47. 34。$A+D+(B^2-C)$。

48. 33。每个正方形中的 A + B + C + D，第一个正方形的结果进入第三个，第三个进入第一个。第二个进入第四个，第四个进入第二个。

49. 23。$A\times C-(B+D)$，结果进入下一个正方形。

50. 42。A^2-B+C^2-D。第一个正方形的结果进入第四个，第四个进入第一个。第二个进入第三个，第三个进入第二个。

51. 22。（A + B + C − D）×2。

52. 圆点围绕每个正方形顺时针移动，从网格的左上端开始顺时针呈螺旋状运行。

53. 这里的运行顺序是：左上端→右下端→左下端→中间→右上端。沿着每行从顶部到底部看。

54. 顺时针从左上端看，两个圆点顺时针旋转 45° 的时候保持相对。

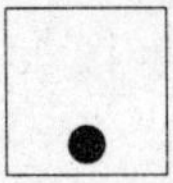

55. 这些字母是表示月份的英文单词的首字母，以及表示季节的英文单词的首字母。

56. 这些字母是 2000 年欧洲足球锦标赛进入决赛的 16 个国家国名的首字母，每个小组是一行，顺序同他们的结束顺序。

57. ① stanza（演出期，节）② verse（诗行，诗节）③ rhyme（韵律）

58. ① alkaline（碱性的）② composer（作曲家）

59. ① bezel（凿子的刃角）② jejune（幼稚的）③ grace（优雅）

60. ① piquet（一种纸牌戏）② lustrum（五年时间）③ gnu（牛羚）

61. ① nitrogen（氮）② marketed（售出的）

62. ① misandry（嫌恶男子）② imam（伊玛目，伊斯兰教教长）③ busk（街头艺人）

63. ① golem（16 世纪希伯来传说中的有生命的假人）② gular（咽喉的）③ iconic（肖像的）

64. ① nebula（星云）② blenny（鲇鱼）③ jube（教堂中十字架的围屏）

65. ① zircon（锆石）② paxwax（颈部韧带）③ open（打开）

66. ① Urdu（乌尔都语）② orchid（兰花）③ rutile（金红石）

67. ① obliterate（删除）② habits（习惯）

68. biodegradability（生物降解能力）

69.

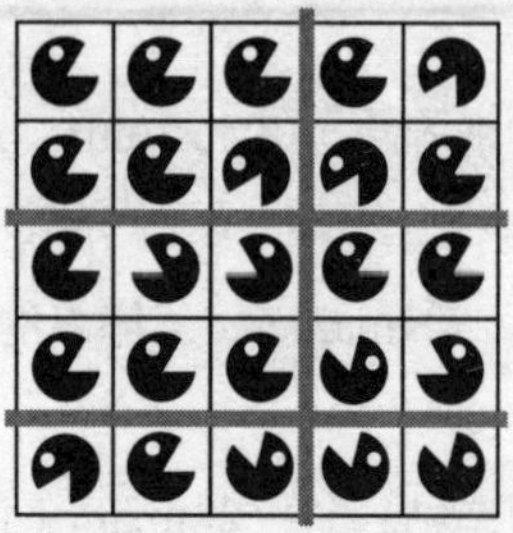

70.

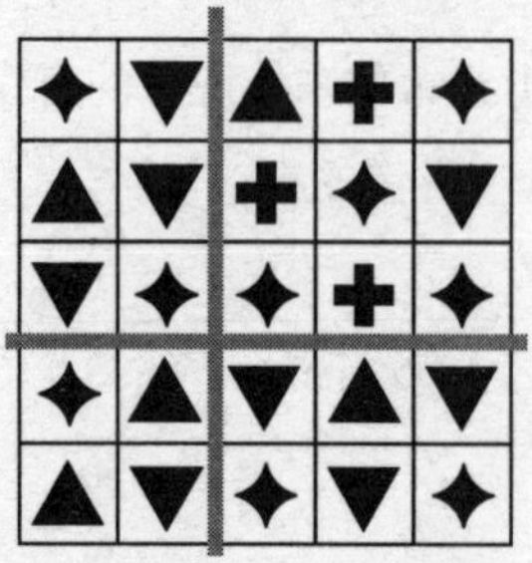

71. 这个螺旋形符号的数值是 5，如下所示：

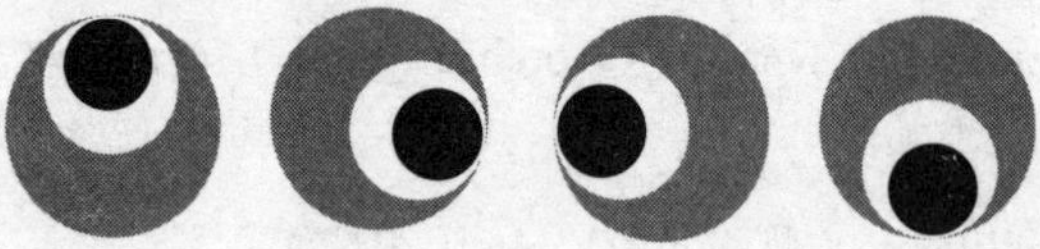

1　　5　　3　　8

72. 这个图案的数值是 4，如下所示：

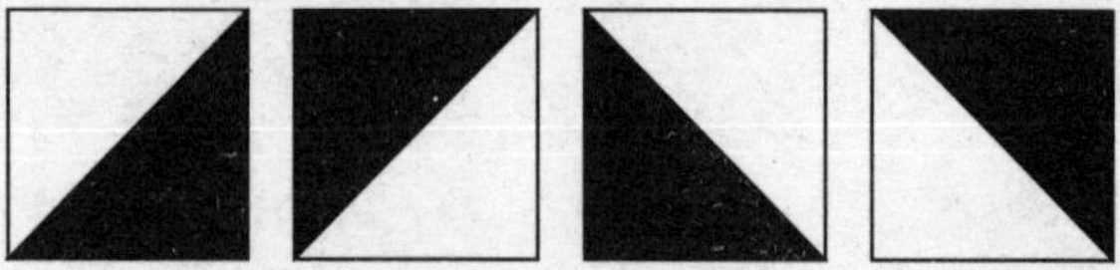

4　　12　　6　　2

73.

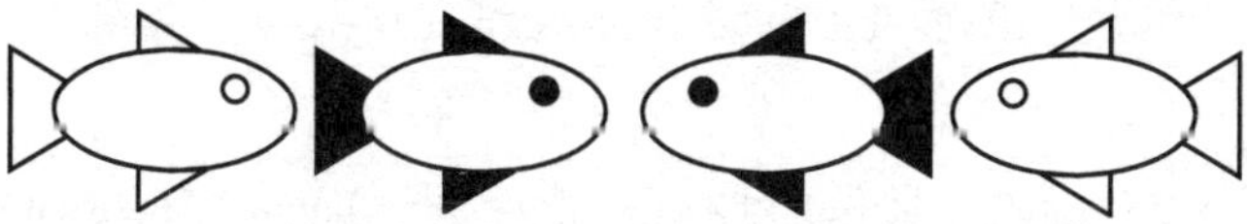

74.

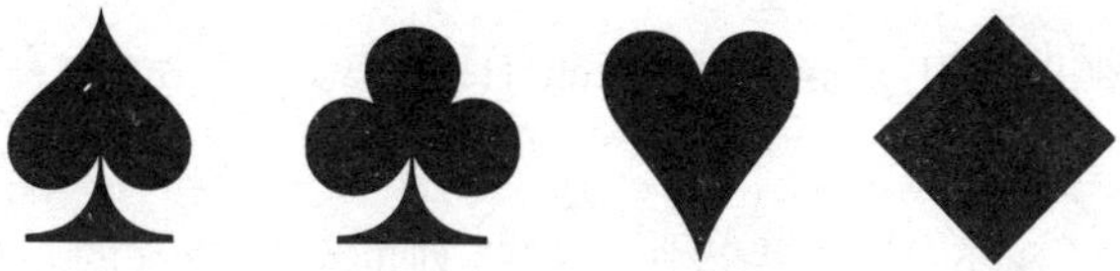

75. F（Ford）。这些都是美国前总统的名字首字母，从 Clinton 开始向前推。其序列为：Clinton, Bush, Reagan, Carter, Ford。

76. A（Andropov）。这些都是前苏联的领导人，从列宁开始。其序列为：Lenin, Stalin, Kruschev, Brezhnev, Andropov。

77. D（Deuteronomy）。《圣经 · 旧约》前 5 卷书的首字母：Genesis, Exodus, Leviticus, Numbers, Deuteronomy。

78. ND（North Dakota）。这些是美国与加拿大接壤的 5 个州，从西到东分别为：Washington, Idaho, Montana, North Dakota, Minnesota。

79. I（Friday）。这些是星期数的第三个字母：MoNday, TuEsday, WeDnesday, ThUrsday, FrIday。

80. G（gigabyte）。这些是用于计算的数据单位，单位按由小到大的顺序排列：bit, byte, kilobyte, megabyte, gigabyte。

81. Y（May）。月份的最后一个字母：JanuarY, FebruarY, MarcH, ApriL, MaY。

82. H（Henry II）。这些是英国前5个国王的名字：William I, William II, Henry I, Stephen, Henry II。

83. T（Tudor）。这些是按年代排列的英国皇室的顺序：Norman, Plantagenet, Lancaster, York, Tudor。

84. P（Philip）。这些是耶稣的前几个门徒：Peter, Andrew, James, John, Philip。

85. Y（Mercury）。按照由近及远的顺序排列的太阳系行星的最后一个字母：MercurY, VenuS, EartH, MarS, JupiteR。

86. 如果你不作弊，能够将这道谜题解决，那么你很可能就是一个天才。答案是E（Europe）。这些是地球上的5大洲：Asia, Australia, Africa, America, Europe。

87.

X	E	T	E	L	P	E	D	T	S	E	D	S	B	V
V	T	R	A	N	S	K	V	O	C	P	I	U	X	I
D	L	A	N	R	C	L	M	N	A	U	T	I	O	N
M	B	M	R	F	R	D	X	T	L	R	S	G	A	C
S	T	V	U	T	I	E	E	M	O	M	E	L	O	G
U	T	R	I	S	B	G	V	A	L	U	A	O	T	V
X	S	R	R	M	E	D	N	P	Q	U	V	E	X	A
J	E	S	A	B	R	I	R	B	C	F	G	I	P	T
E	T	G	Q	T	L	B	E	S	L	U	V	N	O	C
J	E	L	R	S	E	I	N	G	U	N	E	A	O	H
U	G	O	A	T	B	G	D	J	I	K	L	N	M	T
N	A	P	T	V	X	U	I	A	B	D	V	C	F	N
E	T	R	M	O	S	P	T	C	A	E	U	E	I	I
P	L	A	U	S	I	B	L	E	X	B	C	D	A	L
X	T	R	S	U	E	M	I	L	B	U	S	P	S	P

88.

R	E	D	F	X	S	V	O	U	R	N	O	E	A	I
X	E	V	E	L	E	R	I	A	O	R	M	N	T	H
E	I	B	U	I	U	Q	U	T	S	U	P	V	M	C
L	Q	G	A	O	V	V	X	E	H	A	D	L	A	Y
L	E	R	U	R	L	I	A	X	A	P	E	T	T	E
T	S	T	P	S	B	G	E	L	G	E	V	Q	L	G
A	L	S	R	G	N	A	D	P	S	N	T	S	O	P
I	P	I	P	E	S	M	T	U	Y	I	V	T	D	T
P	P	F	T	U	M	L	S	I	D	C	O	B	I	O
B	U	S	T	N	S	N	T	Q	V	S	C	A	L	I
R	H	U	Q	L	T	A	R	X	T	E	L	C	H	C
S	G	U	T	I	R	E	E	V	A	T	E	T	A	T
B	T	J	P	M	U	I	N	I	H	P	L	E	D	U
O	U	K	L	P	D	D	Y	S	T	G	M	F	G	M
E	U	Q	I	P	E	A	I	X	A	N	I	N	O	R

89.

R	N	A	L	H	E	L	A	L	I	H	P	O	S	V
E	S	E	O	U	G	I	O	P	T	Y	N	T	O	A
B	M	L	G	I	R	U	I	L	I	E	N	H	R	N
I	M	O	O	M	U	D	L	A	D	E	G	I	D	Y
H	N	P	O	T	O	R	G	C	T	B	Y	Z	E	G
P	R	O	G	E	B	O	O	I	E	J	V	I	N	O
T	A	K	N	R	U	S	R	R	N	D	E	C	R	L
E	L	E	O	N	A	O	B	N	A	E	A	A	E	O
R	E	T	I	O	F	P	M	S	L	L	P	R	T	D
C	P	G	N	C	M	H	I	A	S	P	S	T	S	E
N	R	K	S	U	U	O	T	T	P	I	G	S	O	A
O	S	U	I	H	L	L	S	E	O	O	P	O	P	P
C	M	L	I	Y	P	O	A	G	S	T	E	S	A	T
T	E	O	T	J	G	O	O	R	R	N	X	D	N	O
H	V	A	S	P	X	I	L	E	H	H	E	L	I	I

90.

U	N	L	Y	L	E	M	I	T	U	N	H	D	L	C
I	U	M	B	R	A	D	A	N	J	N	A	T	U	I
M	T	U	D	E	U	N	E	U	U	E	I	N	B	T
I	N	E	U	S	V	V	D	U	R	V	C	U	N	I
W	U	D	N	R	O	O	E	N	T	I	K	V	U	R
I	N	E	G	O	L	S	L	O	N	G	N	A	N	A
N	H	R	O	H	P	L	E	R	U	J	L	A	C	G
D	O	A	D	N	U	A	N	E	R	U	U	N	T	U
U	L	R	L	U	N	V	A	T	O	H	L	R	R	E
N	U	T	L	E	O	A	N	T	S	A	M	E	D	B
V	N	L	I	E	E	E	U	A	S	L	N	E	M	A
O	T	U	H	F	S	H	P	N	T	B	O	A	M	A
L	O	P	G	R	U	P	S	L	A	S	P	H	N	L
D	U	U	N	L	O	U	T	P	A	R	S	L	P	P
U	N	E	A	L	R	E	C	L	U	R	Y	T	O	U

91.

A	M	I	T	E	S	H	R	O	U	B	A	R	H	S
L	D	S	H	I	S	H	L	O	B	R	S	O	D	O
U	U	S	H	N	H	O	N	E	C	H	H	V	M	S
H	O	A	E	T	A	H	S	H	R	G	N	E	H	H
S	R	L	S	O	M	S	E	V	O	A	P	T	C	R
I	H	A	H	I	P	O	A	R	T	L	L	I	I	U
S	H	S	H	O	M	H	S	H	R	E	E	D	V	H
S	H	O	L	G	P	S	H	P	S	L	G	E	O	S
R	A	B	M	U	S	A	S	H	I	L	A	L	K	U
U	L	V	O	N	S	H	R	O	G	K	D	A	H	T
B	B	E	R	Y	S	U	O	D	N	E	T	S	T	M
U	P	L	O	R	H	M	N	I	S	S	N	U	G	T
R	S	L	E	K	E	N	R	A	O	N	S	E	U	O
H	H	S	V	T	R	H	V	H	P	O	T	L	V	H
S	L	M	R	U	S	T	S	S	H	U	T	T	R	S

92.

E	T	N	I	O	E	E	T	A	T	S	E	T	N	I
R	A	U	R	S	A	I	E	S	L	E	I	N	F	U
G	T	V	L	T	L	P	S	A	L	A	M	L	N	S
L	C	O	R	E	N	U	R	P	S	Z	D	L	O	I
A	C	I	A	L	M	O	F	U	A	E	B	A	D	M
B	L	V	Q	O	I	A	M	N	S	S	T	B	O	V
P	R	O	A	S	R	T	U	V	I	L	R	L	O	O
R	O	P	B	E	R	T	N	E	N	A	A	L	L	G
E	N	O	R	T	I	O	N	S	O	P	O	R	P	N
R	O	B	E	R	T	V	A	L	E	R	I	T	R	I
A	L	L	E	N	A	V	O	H	N	P	L	A	N	M
R	W	A	S	L	D	M	N	N	R	N	R	E	T	A
O	H	E	S	L	B	I	N	S	I	X	Y	O	R	L
U	R	E	A	D	O	R	O	T	V	C	A	B	L	F
G	N	A	L	S	T	U	I	T	A	N	O	T	N	I

93.

M	T	I	I	T	A	U	M	E	E	R	M	E	D	I
O	O	S	M	D	O	D	I	O	T	S	E	C	O	T
U	P	E	E	R	E	D	P	D	P	R	U	S	M	A
L	D	D	M	P	U	E	L	E	T	E	O	E	P	T
L	U	C	E	S	M	A	S	C	A	R	I	C	E	D
A	D	R	T	I	T	D	T	E	R	P	U	I	T	E
T	O	M	E	D	E	S	I	L	U	M	D	T	A	C
S	O	R	E	E	D	U	D	E	T	R	O	M	I	T
P	R	S	I	T	P	P	E	R	A	O	S	R	E	S
E	D	O	M	E	T	R	L	A	T	I	S	D	E	Z
E	C	O	M	O	E	I	C	T	E	S	P	R	E	I
C	P	U	P	R	C	I	A	D	T	A	C	E	S	R
M	O	T	M	R	E	T	I	E	E	D	I	L	E	T
L	R	E	S	E	E	A	C	M	A	S	T	T	C	U
E	G	I	B	D	E	T	L	U	A	D	E	O	M	P

94.

T	R	P	A	S	F	T	R	E	U	A	P	H	A	I
H	O	L	O	E	O	R	U	A	L	S	R	E	O	F
E	O	C	O	R	A	O	T	S	S	G	E	T	B	O
C	A	T	R	E	H	S	E	E	T	E	J	A	M	R
O	S	M	R	C	A	S	R	E	G	A	B	A	O	E
L	T	U	A	E	Y	U	H	R	O	F	T	P	H	L
O	A	C	N	N	A	C	E	O	R	O	C	I	E	D
R	S	H	E	F	L	G	U	U	L	R	L	K	R	O
M	R	D	A	T	R	S	S	N	T	E	B	A	D	V
E	G	U	L	O	V	C	R	O	S	S	R	O	E	S
N	S	R	L	S	L	A	U	G	H	T	A	L	L	G
S	Y	E	C	H	R	S	R	O	A	E	D	O	L	E
E	E	B	R	A	E	R	R	T	K	R	E	C	A	T
D	C	R	R	A	E	S	E	S	T	E	S	G	E	H
R	E	L	A	E	L	L	O	C	A	D	Y	L	L	E

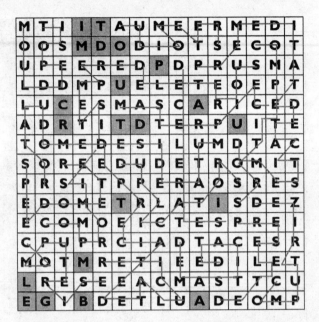

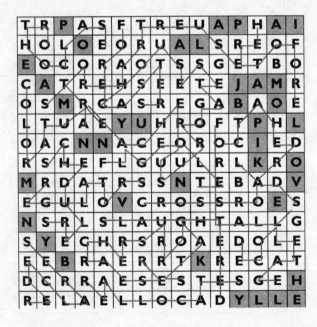

后记

现在你已经阅读完了我对天才的阐述，而且也咨询了你的朋友，自己也经过了思考。那么，重新回过头看看你在本书开头列举的天才名单。你现在有一个新的名单吗？是否和原来的一样？如果你增加了一些原来名单中没有的人物，那么为什么现在要把他们包括进来呢？如果你删除了某些人物，那又是为什么呢？

姓　　名

天才的主张

入 选 理 由
